KB261299

10등급 국민

10등급 국민

지은이	김철호 임태영 김옥연
초판발행	2015년 9월 15일

펴낸이	배용하
책임편집	윤순하
표지디자인	천정연
등록	제364~2008~000013호
펴낸곳	도서출판 대장간
	www.daejanggan.org
등록한곳	대전광역시 동구 우암로 75~21
편집부	전화 (042) 673~7424
영업부	전화 (042) 673~7424전송 (042) 623~1424
분류	사회정의	경제

ISBN	978-89-7071-359-5 03300

이 책은 저작권법에 의해 보호를 받는 출판물입니다.
기록된 형태의 허락 없이는 무단 전재와 복제를 금합니다.

값 13,000원

강문대 · 변호사

앎은 구체적이어야 하고, 행함은 효과적이어야 한다. 남을 돕겠다고 할 때는 더욱 그러해야 한다. 남의 사정을 정확히 알지도 못하면서, 그 사정의 원인을 정확히 파악하지도 못하면서, 그리고 그 사정에 맞는 방안을 정확히 찾지도 못했으면서, 남을 돕겠다고 나서는 것은 실례를 넘어 민폐가 될 수 있고, 실수에 그치지 않고 실패를 불러 올 수 있다.

그렇다고 선의에 기반한 구제의 열망이 함부로 매도되어서는 안 된다. 그런 열망이 없다면 마땅히 도움을 받아야 할 사람들에게 구제의 손길이 미치지 못할 것이기 때문이다. 단지 유념해야 하는 것은, 그 열망 속에 구체적 인식과 효과적 실천을 위한 긴장이 녹아 있어야 하는 것이다. 해서 모름지기 구제에는, 순수한 의도와 치열한 인식과 절제된 실천이 필요한 법이다.

이 책은 제목 그대로 '10등급 국민'으로 전락한 일단의 사람들의 목소리를 담고 있는 책이다. 그러나 이들의 하소연만을 담고 있지는 않다. 이 책은 이들이 겪은 고통과 그 고통의 뿌리와 그 해소책을 담고 있다. 제3자의 시각에서 그런 내용을 전달하고 있는 것이 아니라 그들의 입장에서 그들이 겪은 것을 생생히 묘사하고 있다. 이 책을 읽으면, 이 땅에 존재하면서도 그리고 간혹 큰 사건의 주인공으로 등장하면서도 일상에서는 없는 사람으로 취급되는 일단의 사람들이 어떤 경로를 거쳐 좌절에 이르게 되고 또 희망을 품게 되는 지를 알 수가 있다. 그 내용은 우리에게 공감의 근원이자

정책 결정의 정보이다. 그래서 이 책은 아주 따뜻한 감성의 저장소이면서
또 동시에 냉정한 지성의 창고이다.

우리 사회에 노사 관계의 문제나 갑과 을의 문제만이 존재하는 것은 아
니다. 안전과 보건에 관한 문제만이 존재하는 것도 아니다. 이런 문제들이
매우 심각하고 중대한 문제들인 것은 맞지만 우리 사회에 그 외에 다른 문
제들도 많이 널려 있음을 알아야 한다. 빚쟁이들과 파산자들과 저소득자들
의 문제 역시 우리 사회에서 매우 크고 심각한 문제이다. 이들이 주눅들고
조직되어 있지 않고 대외적으로 호소할 능력이나 방편을 구비하고 있지 않
아, 이들이 목소리가 크게 부각되지 못하고 있을 뿐이다. 그런데 이 책은 작
정하고 그들의 목소리를 드러낸다. 뿐만 아니라 그 해결책도 제시하고 나아
가 그 구체적 실천의 장도 제시하고 있다. 이 책은 그래서 매우 소중하다.

이 책의 저자는 한 명이 아니다. 실제 기명된 저자도 여러 명이고 책의
내용을 보면 '18명의 이웃'이 모두 저자임을 알 수 있다. 기명된 저자들은,
구체적인 상담 활동과 그 전후의 공감, 지지 활동을 통해 알게 되고 또 맘
까지 얻은 이들의 사연을 이 책에 담았다. 이런 사연에 주목하고 나아가 그
사연을 들어주는 일을 행한 것은, 사회과학적 판단에 기한 것이 아니라 기
독교 신앙의 호소에 기한 것으로 보인다. 그래서 나는 이들의 활동이 아주
오래 지속되고 또 끝까지 일관될 것임을 의심치 않는다. 이들이 이 책을 통
해 그런 약속을 했을 뿐만 아니라 그 근본토대인 신앙은 쉽게 표변하지 않
기 때문이다.

이 책은 변호사를 부끄럽게 하는 책이다. 이 책에 나오는 '18명의 이웃'은 변호사에게는 그리 낯설지 않은 존재들이다. 그런데도 이들의 목소리를 잘 들어주거나 그들의 고통의 뿌리까지 더듬어가지 못했다. 그러니 이 책을 읽으며 부끄럽지 않을 수 없는 것이다. 좋은 목소리를 들었으니 이제 그 호소에 주목하는 실천을 행해야 할 것이다. 이 책은 그런 실천을 다짐하게 하는 책이다. 이 책을 통해 더 많은 사람들에게, 더 큰 자각과 다짐이 일어나기를 기대한다. 이 책은 소중한 책이다.

권복기 · 한겨레신문 기자

서로 돕고 사랑하라. 하나님의 뜻이자 예수님이 평생 외치신 가르침이다. 교회는 커지고 '성도'들은 많지만, 세상은 맹렬한 속도로 역주행 중이다. 맘몬 숭배 때문이다.

2015년 오늘, 어떤 이들에게는 돈이 하나님이고 돈이 예수님이다. 그들이 만든 사회 구조는 하나님의 형상대로 지어진 인간을 고통과 죽음으로 내몰고 있다.

그럼에도 하나님께서는 우리를, 이 땅을 결코 포기하시지 않았다. 그 분은 수많은 전령을 보내 우리에게 맘몬 숭배에서 벗어나라고 질책하신다. 이 책에 실린 우리 이웃은 바로 하나님이 보내신 전령이고, 그들의 참혹한 삶은 대속일지도 모른다. 가슴을 치면서 읽고 깨어나자.

권영국 · 변호사

가계부채가 1130조원을 넘었다는 기사를 보았습니다. 상위 몇 %를 제외하고 우리 국민의 절대다수가 빚꾸러기로 전락했다는 의미이기도 합니다. 빚을 내지 않으면 생계를 유지할 수 없는 취약계층이 늘고 생활고에서 헤어 나올 수 없는 절망 때문에 자살률이 세계 1위를 달리는 형국입니다. 금융자본이 지배하는 사회에서 이제 부채는 우리의 일상처럼 되었습니다. 이 책은 10년 간의 〈새벽〉 상담활동을 통해 저소득 취약계층 빚꾸러기들의 목소리를 듣고 그 절망과 고통을 기록한 책으로 소개되었습니다. 맞습니다. 우리는 이 책에서 빚채무은 더 이상 게으름의 결과이거나 허영심 때문이 아니라 돈 놓고 돈을 버는 자본세상이 만든 구조적 산물임을 확인하게 될 것입니다. 우리의 이웃이 어떻게 빚더미에 올라 안게 되고 그 빚 때문에 인생이 망가지며 종국에는 죽음까지 생각하게 되는지 그 과정을 생생하게 듣게 될 것입니다. 이 책은 저소득 취약계층 빚꾸러기들이 감당해야 하는 부채와 생활고란 단지 개인의 불행이 아니라 사회적으로 해결해야 할 사회적 책임임을 분명하게 선언합니다. 빚을 조장하고 끝내 인생을 파산으로 몰고 가는 자본세상에 맞서 '이 땅의 빚꾸러기들이 스스로 외치게 하라'는 이 책의 결론은 우리가 왜 이 책을 읽어야 하는지 이유가 될 것입니다.

권혁률 • CBS 선임기자

　오래전부터 소외된 이들의 민생문제를 상담해온 '민생네트워크 〈새벽〉'
이 『10등급 국민』이라는 제목으로 책을 펴낸 것을 진심으로 축하드립니다.

　사실 얼마 전까지 저는 '사회적 협동조합 민생네트워크 〈새벽〉'에 대해
제대로 알지 못했습니다. 그러다가 김옥연 목사님을 만나 사역에 대한 설
명을 들으면서 깊은 감명을 받았습니다. 지금까지 우리 사회에서는 경제적
어려움에 처한 이들을 위해 무료급식을 한다거나 잠잘 거처를 제공하는 일
들을 주요 선교사역으로 해왔습니다. 그러나 이러한 사역은 당장의 어려
움을 덜어주기는 하지만, 민중들을 고통의 굴레에서 벗어나게 하는 근본
방책은 되지 못한다는 것이 솔직한 현실이라 할 수 있습니다.

　특히, 각종 채무에 시달리는 이들이 본인들의 게으름이나 무책임한 소
비행태 때문에 그 같은 굴레에 빠져들었다는 따가운 시선으로 더 큰 어려
움을 겪고 있는 것이 우리 사회의 현실입니다. 그러나 이 책에 소개된 사례
에서 알 수 있듯이, 본인이 어쩔 수 없는 질병이나 국가적 경제상황으로 멀
쩡한 생활인에서 불량채무자로 전락하는 경우를 많이 목격할 수 있습니
다. 작지만 번듯한 사업체를 갖고 자동차 도장업을 하던 철수 씨가 IMF 외
환위기로 거래처가 무너지면서 어려움에 처한 사례가 그러하고, 택시운전
을 하다 뜻하지 않은 사고로 병원신세를 지게 되면서 가정이 무너져 내린
한길수 씨 사례 등이 모두 이런 현실을 단적으로 보여주고 있습니다.

　우리 사회는 이런 어려움에 처한 이들이 악성채무와 빚 독촉으로부터

탈출할 수 있는 제도적 통로를 나름대로 갖추고 있지만, 많은 사람들이 이를 제대로 알지 못하거나 알고 있어도 비용과 절차의 복잡성 때문에 제대로 활용하지 못하고 있는 현실입니다. 이런 이들에게 악성채무의 해결방안을 안내하고 일처리를 대신해주는 '민생네트워크 〈새벽〉'은 마치 어둠속에서 탈출통로를 안내해주는 한줄기 빛과 같은 존재요, 그야말로 구원의 기쁜 소식을 전하는 희망의 존재가 아닐 수 없습니다.

바라기는, 이 책을 통해 '사회적 협동조합 민생네트워크 〈새벽〉'의 활동이 보다 많은 이들에게 알려져서 이를 통해 악성부채의 굴레를 끊어버리고 삶의 희망을 되찾는 이들이 더욱 늘어나기를 기대합니다. 다시 한번 '민생네트워크 〈새벽〉'의 활동가들과 자원봉사자들의 헌신에 경의를 표합니다.

김기석 • 청파교회 목사

힘 있는 이들은 언어를 독점함으로 자신들의 기득권을 유지하려 한다. 언어가 권력이라는 사실을 그들은 너무나 잘 안다. 그러나 어느 시대에나 억눌린 이들의 신음소리는 막으려 해도 터져 나오게 마련이고, 그 소리는 저만치에 있는 또 다른 이의 소리를 부른다. 소리와 소리가 합쳐져 함성이 되고, 역사의 그늘에 숨어 있던 이들이 자신들의 이야기를 시작하고 그 이야기가 또 다른 이야기로 이어질 때 철옹성 같았던 불의의 체제는 흔들리기 시작한다. 지금 이 땅에서 고통 받고 있는 이들의 이야기가 세상을 새롭게 하려는 하늘의 이야기와 합류할 때 새로운 세상이 도래한다. 이야기는 힘이 세다. 망설임과 두려움을 떨치고 이야기를 시작한 모든 이들의 용기와 헌신에 깊이 감사한다.

김성진 • 한국기독공보 부국장

이 책은 금융피해자에 관심조차 없었던 한국교회를 다시 일깨우는 작은 울림의 소리입니다.

소외된 작은이들의 살림살이는 늘 팍팍합니다. 어떤 때는 실낱같은 희망의 끈마저 놓고 싶을 만큼 절망 속에서 살아가는 작은이들도 있습니다. 그래서 우리는 작은이들의 진정한 벗인 선한 사마리아인을 그리워하는지도 모릅니다.

2년 전, 연초부터 경제가 그리 밝지 않다는 전망들이 쏟아져 나오던 시기에 작은이들의 든든한 이웃인 선한 사마리아인을 만났습니다. 그는 경제적으로 파산한 작은이들의 회생을 돕기 위해 〈새벽〉이라는 상담소를 운영하며 채무관계로 고통을 겪는 빈곤층 가정을 돕는 사역에 열정을 쏟고 있던 김철호 목사님이었습니다.

사회선교 차원에서 작은이들을 상담하고 치유하며 새로운 삶을 시작할 수 있도록 지원하는 일이 그의 사역이었습니다. 이 사역에 뛰어든 계기를 묻는 질문에 그는 경제적인 파산으로 인해 누구의 도움도 받지 못한 체 삶을 포기하는 작은이들을 가까이에서 지켜봐왔기 때문이라고 고백했습니다.

지금까지 〈새벽〉을 통한 사역은 500여 명의 빈곤층 작은이들이 새로운 삶을 시작하도록 도왔습니다. 심지어 작은이들이 스스로 '새마당'이라는 조합을 만들어 공동의 삶을 새롭게 출발하기도 했습니다. 지난 10여 년간 〈새벽〉을 통해 금융피해자들의 애틋한 삶의 이야기가 책으로 발간된 것을 진심으로 축하드립니다. 이 책에는 돈이 지배하는 사회 속에서 돈으로부터 소외된 작은이들의 고통과 절망의 외침이 고스란히 담겨져 있습니다. 또한 이 책은 금융피해자에 관심조차 없었던 한국교회를 다시 일깨우는 작은 울림의 소리이기도 합니다.

이 책을 통해 한국교회가 "채무의 늪에서 벗어나 단 하루만이라도 빚 없는 세상에 살고 싶다"고 외친 이웃의 목소리에 귀 기울이는 계기가 되기를 기대합니다.

김영환 • 국회의원

새벽은 광명을 기다리는 시간입니다. 암울한 환자에게는 지리한 시간이며 경건한 자에게는 찬미와 기도의 시간이기도 합니다. 지난 10년 간의 〈새벽〉의 활동 또한 그러했습니다. 저소득·취약계층의 고통과 절망의 지리한 시간을 경건한 마음으로 함께하며 그들의 광명을 한마음으로 기원하며 기다려왔습니다. 이제 그 시간의 기록이 한 권의 책이 되었습니다.

이 책은 경제적 고통 속에 방황하는 우리 이웃들이 어둠의 시간을 단축하는데 길잡이가 될 것입니다.

김용복 • 전 한일장신대학교 총장

이 시대의 예언자들은 『10등급 국민』에서 이 시대의 절규를 듣고, 희년의 선언을 외치고, 경제적 치유에 나서야 할 것입니다.

『10등급 국민』은 제가 꼭 읽고 배우고, 깊이 이해하고 싶은 소중한 우리 이웃들의 이야기들로 가득 찬 책입니다. 이 시대에 우리 모두에게 중요한 이야기들로 여겨질 것입니다. 민중과 국민을 섬기는 운동을 하는 모든 동지들이 나누어 읽어야 할 귀한 이야기들입니다. 이 책은 모든 기독교 지식인, 기독교 성직자, 기독교 지도자들이 읽어야 할 귀한 이야기들입니다. 아니 이 책은 모든 경제학자, 기업가, 경영인들이 읽어야 할 글들이라고 믿습니다.

사회적 경제 협동운동은 국민의 기본생명권을 확보하기 위하여 경제적 차원에서 전개하는 저항운동이요, 해방운동입니다. 오늘 세계시장체제는 모든 민중과 국민에게 그리고 모든 생명체에게 경제적 전쟁행위와 폭력을 자행하고 있습니다. 자본주의 금융체제는 국내외적으로 가장 악랄한 경제적 착취와 폭력을 자행하고 있습니다. 이 책 『10등급 국민』은 국민의 생명권을 위한 절규와 근원적인 염원을 전하고 있습니다. 여기에서 생명의 살림을 위한 지혜가 창출될 것입니다.

이런 『10등급 국민』 이야기에서 〈사회적 경제 헌장〉이 기본 생명권 운동으로 전개되기를 기대합니다. 이 사회적 경제헌장은 국내외적으로 그리고 민족통일경제를 위하여 제정되고 선포되고 모두 실천하여야 할 것입니

다. 이 시대의 예언자들은 『10등급 국민』에서 이 시대의 절규를 듣고 희년
의 선언을 외치고 경제적 치유에 나서야 할 것입니다.

김조년 • 한남대학교 명예교수

여러 해 전 아주 궁벽하게 민생상담소가 개설될 때 가 보았다. 어려운
삶에 시달리는 사람들을 도와주겠다는 맘으로 시작한 상담소는 참 초라하
게 보였다. 그 일을 추진하는 김철호 목사님 자신도 몹시 가난하게 살아가
는 듯이 보였다. 이렇게 시작하는 그 일을 이끄는 데도 탁월한 식견이 있거
나 경험이 쌓인 것 같지도 않았다. 맘이 무거웠다.

그 무렵 서울역에서나 대전역에서 나는 김 목사님을 자주 만났다. 서울
에 민생상담교육을 받으러 간다는 것이었다. 그가 빈민목회를 하겠다고
시작한 교회도 간판만 내걸었을 뿐 매우 힘겨워보였다. 돈을 들여 내부시
설을 화려하게 꾸며서 시작하는 사업들도 얼마 가지 못하고 실패하여 문을
닫는 것을 자주 보았는데, 그런 아무 것도 없이 시작하고 이끌어가는 민생
상담소는 놀랍게도 계속 이어졌다. 돈 있는 사람들이 찾는 상담소에서 한
사례만으로 받는 상담비만도 못한 돈으로 운영되는 무료 민생상담소가 참
놀라웠다. 그러더니 그 상담소를 사회적 협동조합으로 새로 시작하였다.
가난한 축에 들기도 힘든 사람들을 상대로 하는 상담 협동조합이란다. 그
러기를 10년이다.

아, 왜 그렇게 삶이 폭폭하고 힘드는가? 십자가 자리에 돈이 내걸리고,

부처 자리에 돈이 방석을 깔고 들어 앉는 맘몬의 시대에, 그것들에 내몰리고 버림받은 사람들의 이야기는 참 가슴 먹먹하게 한다. 나라와 사회를 책임지겠다고 나선 사람들이 민생경제, 민생정치를 외치는 소리들은 전혀 귀 가까이 다가오지 않는다. 이 때 '민생을 협동'하는 의미로 사회적 협동조합을 만들었다는 것은 참으로 놀라운 소리다. 사업에 실패하여 인생마저도 실패의 늪으로 빠지려는 순간 좌절과 무기력과 무능력과 절망과 허탈과 파산을 협동하여 새로운 삶을 살겠다는 꿈틀거림은 얼마나 산뜻한 소식인가? 이제 저 깊은 절망의 늪에서 울려 나오는 소리를 들어보라.

'파산은 인간의 권리'라는 소리, '단 하루라도 빚 없는 세상에서 살고 싶다'는 절규, 죽고 싶어 수면제를 모으러 다니는 정성?, 빚물귀신들이 벌이는 부채전쟁, 블랙홀처럼 무섭게 입을 벌리고 있는 빚과 빚. 왜 빚지고 사냐고 누구는 묻는다고 하지만, 세상에 빚을 짊어지고 살고 싶은 사람이 어디에 있을까? 그런데 그 빚은 서산에 지는 해처럼, 아침에 동편에 새로 떠오르는 태양처럼 어김없이 가난한 삶에 찾아오는 것을 누가 막을 수 있을까? 그래서 소리가 협동한다. 가난의 소리, 빚의 소리, 절망의 소리가 협동한다. 그 소리 맘몬의 여리고성이 함락될 때까지 낮고 처절하고 슬프고 괴롭게 외칠 것이다.

맘몬이 빚과 협동하고, 성공이 실패와 협동하며, 희망이 절망과 손을 잡고, 거룩하고 거대한 것들이 추하고 더럽다 못해 초라하기까지 한 것들과 사랑의 눈길을 주고받을 때, 그 날이 어서 오라고 바라고 손짓하는 소리가 바로 여기에 있다. 그날에 우리는 서로 손을 맞잡고 얼싸 둥둥 춤을 출 수 있는 것일까? 찌들린 삶의 협동 속에서 거룩한 삶의 꽃이 피고 열매가 튼실하게 맺히는 바라는 것은 꿈만일까?

김혜자 • 배우, 월드비전 친선대사

고통 받은 이들을 돕기 위해 애쓰는 분들이 계시다는 사실이 참으로 감사합니다. 이 책은 감당하기 힘든 빚을 지고 고통 가운데 삶을 살아내고 있는 사람들의 가슴 아픈 이야기입니다. 그들을 돕는 일에 애쓰는 분들이 계시다는 사실이 참으로 감사합니다.

도종환 • 시인, 국회의원

빚과 생활고에 시달리다 목숨을 끊는 죽음의 행렬이 끝도 없이 이어지고 있습니다. 우리는 자살이 일상이 되어 버린 비극의 시대를 살고 있습니다. 맘몬의 신이 지배하는 세상은 어두운 밤입니다. 이 책은 파산한 사람들, 단 하루라도 빚 독촉 없는 세상에서 살고 싶은 사람들, 생활고와 병고로 쓰러지는 사람들의 절망의 소리, 고통의 소리를 듣고 그들 편에 서고자 했던 사람들의 증언입니다. 그들은 새벽입니다. 어둠을 빛으로 바꾸는 시간에 서 있는 사람들입니다. 그들은 탕감의 신앙, 죄용서의 신앙, 사회적 영성, 사회적 책임을 되살리고자 합니다. 귀를 가진 사람은 그들의 소리를 들어야 하고, 눈이 있는 사람은 그들의 기록을 읽고 동참해야 합니다.

박득훈 • 새맘교회 목사

사람들은 자신이 듣고 싶은 것만 듣고, 자신이 보고 싶은 것만 본다고들 한다. "의식이 존재를 결정하는 게 아니라, 사회적 존재가 의식을 결정한다."는 그 유명한 명제가 시공을 초월해 보편적 설득력을 갖는 이유일 게다. 예수님은 일찍이 이를 간파하시고 낮고 천한 말구유에 태어나시고, 슬픔과 고난의 땅 갈릴리에서 제자를 부르셔서 그들과 함께 머리 둘 곳도 없는 불편한 삶은 사신 것이 아닐까? 이 책엔 그런 예수님의 마음이 고스란히 담겨 있다. 대다수 그리스도인들이 애써 외면하려는 고통의 소리를 듣고 들려주고, 슬픔의 현장을 보고 보여준다. 가슴이 아려오고 눈에 눈물이 고이고 문뜩 분노가 치밀어 오르지만 꾹 참고 끝까지 잘 읽을 수 있으면 좋겠다. 내가 오늘 어디에 누구와 함께 서 있는지 치열하게 성찰하며 신앙과 실천을 새롭게 할 수 있다면 얼마나 좋을까? 분명 우리 주님께서 가장 기뻐하시리라!

군부독재가 휘두르는 주먹은 눈에 보이기에 그래도 저항할 만하다. 아직도 미완성이긴 하지만 87년 6월 민주화항쟁이 그나마 가능했던 이유다. 그러나 자본독재가 휘두르는 주먹은 눈에 보이질 않는다. 분명, 그 주먹에 맞아 피를 철철 흘리며 죽어가는 사람들은 있는데, 누가 그 주먹을 휘두르고 있는지는 도무지 알 길이 없다. 그러니 어찌 저항하랴! 자본주의 사회는 자본이 수많은 문제를 만들어 놓고 개인이 알아서 처리하라고 시치미를 뚝 뗀다. 문제를 스스로 해결하지 못하면 게으르다, 무능하다는 낙인을 찍어,

낙오자 자신이 알아서 생을 포기하게 만든다. 실로 무서운 세상이다. 예수님은 왜 당장 오셔서 이런 세상을 확 뒤집어 주셔서 정의와 평화를 실현해 주지 않으시는 것일까? 우리가 도무지 그 너비와 길이, 높이와 깊이를 헤아릴 길 없는 사랑 때문이리라! 예수님은 오늘도 최후의 심판을 연기하시며 우리들을 외로운 십자가의 길로 초대하신다. 억압당하는 자들과 함께 울며 아파하며 자본독재와 맞서 싸우는 생명의 길을 꿋꿋하게 동행하자고!

박원순 · 서울시장

"단 하루만이라도 빚 없는 세상에 살고 싶다…."

빚의 늪에 빠져 하루하루 고통 속에서 살아가시는 분들의 간절한 소원이라고 합니다. 가계부채 1,100조원 시대, 우리의 수많은 이웃이 절망의 삶에서 헤어 나오지 못하고 있습니다. 생의 벼랑 끝으로 내몰리며 극단적인 선택을 하는 안타까운 사연들이 바로 우리 곁에서 벌어지고 있습니다. '사람'보다 '돈'이 우선이 된 우리 사회의 어두운 현실에서 우리 이웃의 절망과 고통을 개인의 문제로만 떠넘길 수 있을까요?

이 모든 것은 결국 우리 모두가 함께 해야 할 사회적 책임이라는 〈새벽〉의 외침은 이웃의 삶과 고통에 침묵하는 우리에게 큰 울림을 줍니다. 사람과 공동체에 대한 사랑과 배려의 참 뜻, 협동과 연대의 길이 담긴 이 책에서 새로운 삶의 희망을 찾아보십시오. 우리 함께 합시다.

방인성 • 함께여는교회 목사, 희년함께 공동대표

오랫동안 사회적 약자들을 가슴에 품고 씨름하던 김철호님이 2010년 결성한 '민생네트워크 〈새벽〉'은 2013년 '사회적 협동조합 민생네트워크 〈새벽〉'으로 발돋움 하게 된다. 그동안 빚에 허덕이는 사람들과 함께 아파하면서 나누었던 상담 사례들을 책으로 펼쳐 보인다. 열심히 살았지만 결국 빚더미에 앉게 되어 자살을 결심하게 된다는 사례는 너무도 많다. 빚이라는 것이 거대독점자본의 횡포를 비롯해 사회 구조적인 문제에서 비롯된 경우가 많기에 개인파산면책 및 회생사건에 대해 무료 법률구조상담을 제공하는 것을 이해하게 된다.

이 글을 읽으면서 우리는 얼마나 부당하고 불공정한 사회 속에서 허덕이고 있는지를 실감하게 된다. 왜? 한국사회가 OECD 국가 중 자살률 1위라는 오명이 해가 가도 바뀌지 않는지 알게 된다. 빚에 허덕이는 가난한 이들의 공통점은 무엇일까? 다양한 점이 있겠지만 주로 생활비, 주거비 등의 생존을 위한 부채를 지니고 있다는 점에 놀라게 된다.

2015년 현재 한국사회의 가계부채는 1,100조에 이르고 있다. 이른바 '부채사회'라고 해도 과언이 아니다. 그런데도 각종 언론매체를 통해 흘러나오는 대출광고의 유혹은 힘없는 이들을 깊은 수렁에 빠뜨리고 있다. 우리는 이 책을 읽으면서 어떤 특단의 조치를 통해서라도 나쁜 경제구조를 끊어내야 하겠다는 절박한 요구에 직면하게 된다. 이 책의 사례가 바로 나의 일이 될 수 있다는 현실을 직시하고 함께 손을 잡고 머리를 맞대어 대안을 모색해야 하겠다. 이번 책은 사례를 모은 것으로 이사회의 불공정한 민낯을 보여주었다면 다음에는 대안을 제시하여 충격을 넘어 희망을 찾게 되기를 기대한다. 그동안 수고한 김철호 대표와 민생네트워크의 동역자들에게 박수를 보낸다. 이 책으로 우리 함께 실컷 울어보자! 그리고 어깨동무하며 걸어가자!

선대인 • 선대인경제연구소 소장

이 책은 우리시대 가장 아픈 이들의 삶을 담고 있다. 우리가 애써 외면했던 우리사회의 어두운 자화상이다. 이제는 이런 현실을 직시해야 한다. 새로운 세상을 만드는 동력도 이런 현실을 직시할 때 나온다.

안재웅 • (재)다솜이재단 이사장

어느 무더운 아침시간, 나는 김철호·김옥연 두 분 목사님과 만났다. 오랜만에 만남이라 반가웠다. 두 분은 이런저런 이야기 끝에 힘겹게 살아가는 『10등급 국민』의 삶을 담은 책을 출간한다면서 나에게 추천의 글을 부탁했다. 나는 깜짝 놀랐다. '10등급 국민'이라니! 이게 사실인가? 참으로 믿기 어려운 이야기가 이 책에 담겨 있다.

『10등급 국민』이란 책은 프롤로그와 에필로그를 포함해 6부로 나뉘어 있다. 우리시대의 강도 만난 사람들에서 부터 고난의 행렬을 이어가는 사람들의 애환이 가감없이 적혀있다. 특히 맘몬/금융자본주의 세상의 좀비들을 가차 없이 비판하고 잡초처럼 끈질기게 살아가는 주인공들의 힘든 삶을 파헤치고 있다. 이들의 고된 이야기는 거룩한 사회적 영성을 깨닫게 해준다. 고난을 이겨낸 후 새 출발한 성공적인 인물도 소개된다. 그러나 이들의 고달픈 삶이 아직도 끝나지 않았다는 대목에 이르면 참담한 심경을 가누기 힘들다.

"사람이 온 천하를 얻고도 제 목숨을 잃으면 무슨 소용이 있겠는가?"라고 성경은 말한다. 그러나 우리의 현실은 어떠한가. 온 천하보다도 귀중한 목숨을 버티기가 힘겨워 스스로 버리지 않는가. 죽음의 사슬을 자르지 못하는 삶이 아직도 이어지지 않는가. 상상하기 힘든 현장의 목소리가 이 책에 담겨있다.

"이웃을 네 몸같이 사랑하라"는 예수의 가르침이 무엇인지를 되새기게 한다. 사랑의 실천만이 우리사회를 밝히는 첩경이란 사실도 깨닫게 해준다. 주변 소외된 이웃에게 눈을 돌리고 따뜻한 손길로 '10등급 국민'을 돌보라는 외침도 들린다.

민생民生을 협동協同하는 상생相生의 길을 사회적협동조합민생네트워크 〈새벽〉이 만들어 가고 있다. '10등급 국민'의 처절한 이야기를 그들 스스로 말하게 하고, 그들의 목소리를 진지하게 듣고, 솔직하게 상담하며 해결을 모색하는 활동가들의 노력이 돋보인다.

'10등급 국민'이 '1등급 국민'이 되어 활개 치며 사는 날을 기대해 본다. '새 하늘과 새 땅'에서 새 날을 살아가는 천지개벽의 세상을 꿈꿔 본다. 우리 모두가 함께 행복한 세상을 만들기 위해 사회적협동조합민생네트워크 〈새벽〉이 새벽다운 새벽을 밝히는 횃불이 되기를 소망해 본다. 삶이 누구에게나 주어진 한 번의 기회라면 하고 싶은 일을 하면서 세상을 밝히는 일이야 말로 보람을 누룩처럼 번지게 하는 아름다운 삶이 아니겠는가!

이재명 • 성남시장

우리 사회에는 약 350만 명에 이르는 이들이 가계부채에 시달리고 있습니다. 가계부채는 개인의 고통을 넘어 나라경제를 파탄에 이르게 할 뇌관입니다. 저는 지금처럼 철저하게 채권자 중심으로 운용되는 금융정책을 채무자 중심정책으로 일대 전환하는 것이야말로 가계부채 문제를 해결하고 우리의 공동체를 복원하는 첩경이라고 믿습니다. IMF이후 기업이나 금융권에 공적자금으로 투입된 금액은 천문학적인 규모입니다. 하지만, 빚에 시달리는 수백만 명이 넘는 서민들을 위해서는 제대로 투자해본 적이 없습니다.

성남시에서는 장기연체된 악성채무를 탕감하여 개인의 회생을 도모하기 위해 롤링주빌리은행을 설립, 빚 탕감 운동을 전개하고 있습니다. 이를 두고 누구는 도덕적 해이를 가져온다고 말합니다. 하지만, 장기연체자들의 고통과 절망을 끊어내고 새 삶을 도모하게 하는 것이야말로 도덕적 해이가 아닌 도덕적 의무입니다. 악성채무의 탕감은 개인에게는 새 삶의 기회를 부여하는 것이며, 국가적으로는 수많은 사람들이 정상적인 경제활동

인구로 복귀함으로써 경제에 활력을 불어넣는 결단입니다. 이것이 지금은 비록 롤링주빌리를 민간모금 형태로 진행하고 있지만, 궁극적으로는 국가 정책으로 시행되어야하는 이유입니다.

이번에 "사회적협동조합민생네트워크 〈새벽〉"에서 발간한 『10등급 국민』은 빚으로 고통 받는 이웃들의 현실에 대한 생생한 고발임과 동시에 이에 대한 국가공동체의 관심, 그리고 '빚에서 빛으로' 가기 위한 지혜를 모으자는 호소이기도 합니다. 부디 이 책이 빚의 고통이 없는, 돈보다 사람이 우선인, 인간의 존엄이 보장되는 공정한 세상을 만드는데 큰 울림이 되기를 바랍니다.

이정배 · 감리교신학대학교 교수

평소 '생명과 평화 마당'에서 자주 뵙는 김철호, 김옥연 목사님 이지만 오늘 이들이 노력으로 엮어진 귀한 책을 대하니 두 분들의 존재가 달리 보인다. 함께 이름을 올린 임태영 님도 조만간 빠르게 만나 이야기하고 싶다. 책을 읽으며 가슴이 먹먹했고 감사했다. 먹먹한 것은 이렇듯 죽음 직전에 이를 정도로 고통스런 사람들이 많다는 사실 때문이며, 감사한 것은 이들 민중의 삶을 구한 지난한 노력 때문이다. 의인이 아니라 죄인 찾아 이 땅에 오신 예수, 그가 지금 다시 온다면 빚에 내몰려 삶의 벼랑 끝에 선 사람들을 위해서 일 것이다.

흔히 자본주의와 기독교의 유사성이 말해지곤 한다. 한걸음 나아가 자본주의를 세속화된 기독교의 다른 모습이라 보는 이들도 있다. 기독교란 종교가 인간의 '죄'罪성에 기초하듯이 자본주의 역시 빚 없이는 존재할 수 없는 시스템인 탓이다. 죄로부터 구원을 약속하는 기독교나 성장을 통해 빚으로부터의 해방을 말하는 자본주의 체제이지만 실재가 어디 그러한가? 종교들은 거듭 인간의 죄책을 부추기며 자본주의는 욕망 추동을 통해 부채를 당연시 하고 있는 바, 이들의 내적 구조가 너무도 닮았다. 오늘의 기독교가 성육신 종교로서 특별하게 존재하려면 빚의 탕감을 구원론의 시각에서 수용해야 할 것이다. 가난한 민중들의 삶을 죽음으로 몰아가는 빚, 그의 탕감을 위해 예수가 왔으며 이 땅에 교회가 있어야 될 이유가 되었다. 한 마디로 자본주의에 먹힌 타락한 기독교가 아니라 그와 맞서 생명을 살리는 영적 종교가 되란 말이다

대학 수능에서나 해당되는 말인 줄 알았던 10등급의 사람들, 그들을 시대의 강도 만난 자라고 본 이 책의 시각은 너무도 정당하다. 엄청난 부를 쌓아둔 소수의 재벌 기업에 의해 이들 인생이 죽음만이 기다리는 변방에 내몰린 것이다. 은행들조차 이들의 빚을 폭력 대부업자에게 값싸게 팔아넘겨 왔다. 이렇듯 죽음의 골짜기에서 허우적거리는 민생民生을 그들의 형편보다 조금 낫다고 여기는 우리들, 특히 종교인들이 힘을 합쳐 살려내자는 것이 이 책을 출판한 목적이리라. 이 일을 하는 것이 진보적 삶이자 신앙의 길이라고 저자들은 역설했다. 이 책을 통해 자신의 빚을 목숨과 바꾸려는 뭇 죄인들을 구하는 일에 눈떴으면 좋겠다. 모두가 어려운 이때 이런 난제

를 가슴에 품고 민民의 생명을 구했던 〈새벽〉에 깊이 감사한다. 그래서 다시 한번 외쳐본다. "기독교여, 빚을 죄로 알고 그로부터 '민民을 자유케 하라."

이홍정 • 대한예수교장로회 총회 사무총장

신자유주의 시장경제체제의 세계화가 가져온 가치관의 변화는 생명마저 상품화하면서 돈과 권력과 명예를 인간이 추구해야 할 가장 귀중한 가치로 만들어버렸습니다. 우리는 지금 인류 역사상 가장 많은 생산량을 기록하는 세계화 시대에 살아가고 있지만, 역설적으로 가장 큰 빈부의 격차를 나타내는 시대, 1 대 99의 비율로 빈곤이 세계화되고 절대빈곤이 구조화된 시대를 살아가고 있습니다. 이와 같은 시대적 상황은 절대 다수의 사람들에게 깊은 절망과 소외를 가져다 주고 있으며, 사회적 아노미 현상을 확대시켜 나가고 있습니다.

상처 입은 사람들의 치유와 화해의 여정은 신뢰할만한 개인과 공동체의 동행과 환대가 없이는 불가능합니다. 그리스도인으로서 우리의 동행과 환대는 안방의 안락함을 누리며 베푸는 동행과 환대가 아니라, 우리를 위해 고난 당하신 예수 그리스도의 실천처럼, 성문 밖의 동행과 환대여야 합니다. 오늘 민생의 안전을 강도 맞은 채 '10등급 국민'으로 분류된 이웃들을 위하여 사회적 협동조합인 민생네트워크 〈새벽〉이 실천하는 삶과 사역이 바로 이것입니다.

하나님께서는 마태복음 25장의 비유의 말씀을 통해 복음화의 새로운 차원을 보여주십니다. 인자가 자기 영광으로 모든 천사와 함께 올 때에 자기 영광의 보좌에 앉아 모든 민족을 그 앞에 모으고, 목자가 양과 염소를 구분하듯이 각각을 구분하실 것이라고 말씀하십니다. 주님의 기준은 그들의 형제 중에 지극히 작은 이에게 그들이 어떻게 행했는가에 초점이 맞춰져 있습니다. 지극히 작은 이들이 주릴 때 먹을 것을 주고, 목마를 때 마시게 하고, 나그네 되었을 때 영접하고, 헐벗었을 때 옷을 입히고, 병들었을 때 돌보고, 옥에 갇혔을 때 와서 돌본 그 사랑의 실천이 바로 주님께 한 것이라는 것입니다. "너희가 여기 내 형제 중에 지극히 작은 자 하나에게 한 것이 곧 내게 한 것이라." 마25: 40

지극히 작은 이들을 향한 동행과 환대는 그들의 고통스런 삶의 한복판에 현존하시는 그리스도에 대한 섬김으로 동일시 되며, 이런 의미에서 이 땅에 지극히 작은 이들은 하나님께서 베푸시는 구원의 은총을 실현시키는 복음화의 구성적 계기가 됩니다. 그러므로 작은 이들을 향한 사랑의 실천은 이 땅의 치유와 화해를 위해 일하시는 하나님의 영성이며 전략입니다. 힘을 사랑하는 사람들에 의해 파괴된 생명의 안전이, 작지만 사랑하는 힘을 가진 사람들의 사랑의 실천 가운데 함께 계신 하나님의 은총으로 회복되는 것입니다.

이 책은 20세기 말 경제위기 이후 우리 사회의 수많은 빚꾸러기들의 처절한 절망과 고통의 육성을 담아 내고, 그 들의 생사를 가늠하는 절규 속에서 생명을 얻고 풍성하게 하기 위한 정의와 사랑의 실천을 우리에게 명하시는 하나님의 음성을 들려주고 있습니다. 지극히 작은 이들에 대한 사랑의 실천으로서의 동행과 환대 – 이것은 세계화 시대의 악순환의 고리를 자르고, 생명의 안전과 풍성함을 회복하는 복음화의 본질적 영성이며 전략입니다. 우리는 그 동행과 환대의 과정 속에서, 하나님의 은총으로 그리스도와 연합되어 치유되고 화해된 인간존재로 변화되어 새로운 소명의 자리를 향해 나가는 작은 이들과 우리 자신들을 발견하게 될 것입니다.

민생의 안전을 강도 맞은 '10등급 국민'의 이웃이 되어 헌신하시는 김옥연 임태영 김철호 님들의 사역이, 더욱 더 겸허하게 자기를 비우고 낮아지는 존재에게 부어지는 하나님의 성령의 능력으로 넘치시기를 기원하며, 한국교회가 생존을 위한 경제적 기본권을 박탈 당한 이웃들과 동행하며 나눔과 돌봄의 정의를 함께 세우는 과정을 통해 그들을 환대하므로 치유와 화해의 복음사역에 동참할 것을 간곡히 부탁 드립니다.

장하나 • 국회의원

빚에는 돈 그 자체보다는 도덕적 수사가 붙습니다. 게으름, 무능력, 실패, 도덕적 해이라는. 그래서 가난은 사회화되지 못하고 개인의 탓으로만 귀결됩니다.

그러나 빚은 전적으로 개인의 책임이 아닌 가난을 책임지지 못하는 국가가 이들을 방치한 탓입니다. 이 책은 우리 사회의 가진 것 없는 사람들이 채권 추심의 공포에 시달릴 때, 한 치 앞 모를 절망으로 죽음을 생각할 때, 바로 그곳이 정치가 있어야 할 자리였음을 알려주었습니다.

이 책을 가장 눈에 띄기 좋은 곳에 꽂아두고, 정치가 가야 할 방향을 잃을 때마다 다시 펼쳐들겠습니다. 죽비 같은 책을 세상에 내 주셔서 진심으로 감사드립니다.

전헌 • 성균관대학교 교수

『10등급 국민』은 마치 욥기를 읽는 듯 그 고발이 처절하면서 마침내 뜨거운 하나님의 사랑이 확인되는 놀라운 글들이다. 나라를 알고 자신을 알도록 누구나 읽고 배워야할 이 땅의 숨은 천사들의 보고서이다.

채현국 • 효암학원 이사장

쓴맛이 사는 맛입니다. 세상에서 모든 것에 성공하고 모든 것을 이기면 썩습니다. 돈이나 권력은 마술 같아서, 아무리 작은 거라도 내거야 하고 쌓아놓으면 썩지요.

그러니 세상을 사는데 정답이 어디 있나요? 정답은 없어요. 세파에 흔들리면서 부하게도 되고 망하기도 하는 거지요. 흔들려도 무너져도 제 정신 붙잡고 살면 되는 것입니다.

이 책은 살면서 모진 쓴맛을 보고 세파에 휘둘리며 고통을 당했던 작은 이들의 삶의 이야기입니다. 그러나 절망하지 않고 다시 일어서서 새롭게 출발하는 계기들을 맞이했으니 박수를 치고 응원할 일입니다. 무엇보다도 미래에 대한 새로운 희망을 잃지 않는다면 신용불량자라는 불편한 삶이라도 마냥 불행하지만은 않겠지요.

최만자 • 전 한국여성신학회장

『10등급 국민』이란 책이 발간되는 것은 기쁨 중의 기쁨입니다. 이 책을 통해 밑바닥에 떨어졌던 사람들이 삶의 힘을 다시 얻을 것입니다. 불의한 경제구조에 의해 빚꾸러기로 내몰린 많은 사람들과 가족들을 보며 안타까움이 컸는데, 이들을 도울 민생네트워크 〈새벽〉이 큰 역할을 하리라 믿습니다. 이 시대의 가장 고통 받는 가난한 이들에게 복음이 되리라 믿으며 감사와 축하의 마음으로 추천사를 드립니다.

한택근 • 민주사회를 위한 변호사 모임 회장

함께 잘 사는 사회를 만들기 위해 같이 노력을 하게 하는 촉매재가 될 것을 기대합니다.

IMF이후 우리나라는 비정규직 확대 때문에 저임금 노동자가 양산되고 있습니다. 한편, 일자리를 잃은 노동자들은 자영업으로 생계를 유지할 수밖에 없는데, 그 수가 비약적으로 증가함에 따라 이들의 소득은 열악한 노동자들의 수준에도 못 미치고 있습니다. 그 결과 국민의 대다수인 노동자, 영세 자영업자들은 자신들의 수입으로는 생활비를 감당할 수 없어, 막대한 빚을 내어 생계를 유지할 수밖에 없는 형편입니다. 이에 2015년 6월말 현재 가계부채가 무려 1,130조 5,000억 원에 달한다고 합니다.

그런데 자본을 독점한 극소수 부유층 집단은 이를 틈타 자신들의 부를 더욱 불려나가고 있습니다. 통계에 의하면 우리나라 상위 1% 계층이 전체 소득의 약 12%를 취하고 있고, 상위 10%계층이 전체 소득의 약 45%를 취하고 있다고 합니다. 한 마디로 우리 사회는 빈익빈 부익부 현상이 극에 달하고 있다 하겠습니다.

이 책은 바로 이러한 현실에서 저임금, 저소득에 더하여 막대한 부채로 신음하고 있는 다양한 저소득층, 취약계층의 생생한 절규를 담고 있습니다. 이들의 목소리는 결코 남의 이야기가 아닙니다. 우리와 가까운 친척, 친지, 이웃의 이야기이자, 바로 우리 자신의 이야기입니다. 나아가 이 책은 이들이 겪는 고통이 결코 그들의 책임이 아니라 바로 이 사회 구성원 모두의 책임임을 일깨워 주고 있습니다.

아무쪼록 이 책이 독자들로 하여금 우리 사회의 소득불평등 현실에 대한 자각을 하게 하고, 함께 잘 사는 사회를 만들기 위해 같이 노력하게 하는 촉매재가 될 것을 기대하면서 추천사를 마칩니다.

차례

추천사 / 3

프롤로그 ····· 31

민생(民生)을 협동(協同)하다 / 33
금융피해자들의 애틋한 삶의 이야기를 들려드립니다 / 38

1부 • 우리 시대의 강도 만난 사람들 ····· 43

이웃의 목소리 1 / 수면제 모으던 철수 씨, 지금은 어떻게 되었나? / 45
이웃의 목소리 2 / "나도 왕년에는 내로라하는 공무원이었소" / 50
이웃의 목소리 3 / "단 하루라도 빚 없는 세상에서 살고 싶다" / 56

2부 • 고난의 행렬 ····· 67

이웃의 목소리 4 / '파산은 인간의 권리입니다' 라는 글귀를 기억합니다 / 69
이웃의 목소리 5 / 우리도 한번 잘살아 보세 / 74
이웃의 목소리 6 / 노동자에서 사장님으로, 그리고 파산자로 / 80

3부 • 맘몬금융자본주의세상의 좀비들 ····· 93

이웃의 목소리 7 / IMF 경제 한파 속에서 양산되는 자영업자 좀비들 / 95
이웃의 목소리 8 / 부동산대박 신화는 사기일 뿐이다 / 101
이웃의 목소리 9 / 한 집안을 수장하는 빚 물귀신 / 106

4부 • 잡초처럼 ·· 121

이웃의 목소리 10 / 작은 이들의 삶의 고난,
　　　　　　　개인의 불행인가 사회적 책임인가 / 123

이웃의 목소리 11 / 잡초처럼 끈질긴 삶의 행군 / 128

이웃의 목소리 12 / IMF 고난의 행렬 / 132

5부 • 새로운 출발 ·· 141

이웃의 목소리 13 / 인생의 역경을 딛고 서다 / 143

이웃의 목소리 14 / 알콜의존 증후군은 불치의 병인가? / 149

이웃의 목소리 15 / IMF 경제 한파가 만들어 준 사장님 자리 / 158

6부 • 희년을 꿈꾸며 ·· 165

이웃의 목소리 16 / 부채전쟁 / 167

이웃의 목소리 17 / 속죄의 삶은 채무로 남고 / 172

이웃의 목소리 18 / 아직 끝나지 않은 삶의 이야기 / 178

에필로그 ·· 189

신언님께! / 191

자원봉사자에게 듣는 〈새벽〉이야기 / 194

파산면책으로 새로운 삶을 시작하다 / 197

진보여, 무엇을 하려는가? / 201

사회적협동조합 민생네트워크 〈새벽〉을 말한다 / 205

프롤로그

사회적 협동조합 민생네트워크 〈새벽〉 이야기

민생民生을 협동協同하다
이 땅의 빚꾸러기들이 외치게 하라

김철호

사회적협동조합민생네트워크 〈새벽〉 활동가

지난 가정의 달 5월, 부산의 한 고층아파트에서 빚과 생활고에 시달리던 일가족 다섯 명이 목숨을 끊었습니다. 부산지역 언론보도에 의하면 30대 아들이 60대 부모와 누나 그리고 어린 조카를 목 졸라 숨지게 한 후 자신은 투신자살을 했다고 합니다.

실제로, IMF 이후 이런 죽음의 행렬은 우리 사회에서 비일비재합니다. 올 4월에는 경주 외딴 과수원에서 남녀 4명, 지난 2월에는 경남 거제도에서 일가족 다섯 명이 빚과 생활고와 취업 실패를 비관해 자살로 생을 마감했습니다.

지난 2014년 2월에도 서울 송파구에서 생활고와 빚에 시달리던 세 모녀 자살사건이 일어났습니다. 그 세모녀 자살사건은 우리 사회에 큰 충격을 주었고, 그로 인해 세모녀법이 만들어지기도 했습니다. 이어서 가난과 질병에 지친 50대 택시기사 부부 자살사건, 어린 장애아들을 품에 안고 15층 아파트에서 투신자살한 30대주부, 지체장애 딸·아들과 함께 동반 자살한 40대 가장 등등, 잇달아 우리 사회에 생명 경고음이 울리고 있습니다. 그러다가 마침내 2014년 4월 16일 세월호 참사가 벌어졌습니다. 이날, 생명보다 돈을 숭배해 온 대한민국호도 참사를 당하고 말았습니다.

작금의 우리 사회 주변에서는 빚과 생활고에 시달리다 못해 자살하는 저소득·취약계층들로 넘쳐납니다. 이들은 누구나 알고 있듯이 마땅히 죽을죄를 저지른 나쁜 사람들이 아닙니다. 그럼에도 그들은 자신들의 빚과 가난을 부끄럽게 생각하며 지금껏 살아온 자신들의 인생을 부정합니다.

이들은 도대체 왜 어떤 상황에서, 어쩌다가, 이렇게 자살의 대열로 내몰린 것일까요? 이들이 진 빚과 절망, 이들의 극단적 선택 사이에는 무슨 곡절이 숨어있는 걸까요?

이와 관련하여 우리 사회의 주류 언론들은 이들이 처한 삶의 상황을 사실대로 파악하지 않은 채, 이들의 자살사건만을 선정적으로 보도합니다. 또한 그때그때의 시류에 따라 이들이 처한 현실 상황을 왜곡하고 침소봉대해서 대중들에게 전달합니다. 나아가 대중들의 눈과 귀와 마음에서 이들이 처한 고통과 절망의 사회적 구조를 은폐함으로써, 금융자본 경제체제의 홍보대사 역할을 자임합니다. 물론 오늘의 대중들 역시 이들이 처한 삶의 상황, 이들의 고통과 절망을 이해하려는 의지가 전혀 없습니다. 그저 시류에 휩쓸리고, 금융자본 경제체제가 놓은 덫에 잡혀서, 이들을 향해 '도덕적 해이자'라고 돌팔매질을 해댈 뿐입니다.

그러다보니 작금의 우리 사회에는 대중들의 이러한 사회적 편견과 낙인찍기 세태에 편승한 빚쟁이들의 고함소리만 쩌렁쩌렁 울려 퍼집니다. 빚쟁이들은 저소득·취약계층 빚꾸러기들에 대한 대중들의 '도덕적 해이' 돌팔매질을 기화로 온갖 불법 추심빚독촉을 버젓이 자행합니다. 한밤중에 저소득·취약계층 빚꾸러기들에게 수시로 전화를 하고 온갖 욕설과 협박을 퍼부어 공포심을 불러일으킵니다. 빚진 당사자가 아닌 가족 등 온 지인에게 빚에 관한 온갖 허위사실을 유포해서 손가락질을 받게 합니다. 시도 때도 없이 집과 직장에 찾아와 많은 사람들이 보는 앞에서 온갖 행패를 부립니다. 빚쟁이는 법원소송을 통하지 않고는 압류·경매 등 법적조치를 취할 수 없음에도, 제 맘대로 압류·경매 등 법적조치를 운운하는 불법을 서슴치 않습니다.

그러므로 작금의 서슬 푸른 맘몬자본 권력의 횡포가 제 세상 만난 듯 판치는 상황에서, 저소득·취약계층 빚꾸러기들은 아무런 할 말이 없습니다. 아니, 할 말이 가슴 가득 미어진다 해도 감히 목구멍을 넘겨 토해낼 용기가 없습니다. 설사, 말을 꺼낸다 해도 맘몬자본권력의 도덕적 해이라는 추상같은 불호령에 묻혀 스러지고 말 것이기 때문입니다. 그러다보니 저소득·취약계층 빚꾸러기들은 고통과 절망 속에서 가족이 해체되고, 빈곤의 나락으로 추락되어, 노숙자가 되며, 맘몬자본세상의 죽음의 좀비가 될 수밖에 없습니다.

이 땅의 빚꾸러기들이 외치게 하라!

지난 IMF 외환위기 속에서, 우리 사회의 지배 권력은 누가 무어라 해도 소수의 신자유주의 자산가 계층이라는 것이 주지의 사실입니다. 이들은 IMF 외환위기를 기회로 천문학적인 금융이윤을 축적했습니다. 이들은 신자유주의 금융자본 경제체제에서 국가와 정부, 정치와 사법 등 모든 사회 부분의 지도자 반열에 올라 앉았습니다.

따라서 이 땅의 소수 신자유주의 자산가 계층의 가치관에서는 저소득·취약계층 빚꾸러기들이야말로 도덕적 해이자이며 사회적 낙오자들입니다. 그러다보니 저소득·취약계층 빚꾸러기들에게는 사회적 목소리를 낼 권리도 없으며, 우리 사회는 그들의 어떠한 외침도 들어줄 이유가 없습니다.

그러나 이제, 작금의 우리 사회에는 IMF 외환위기 속에서 맘몬자본의 은총을 독점한 소수 신자유주의 자산가 계층의 무분별한 사익 추구의 폐해가 하늘에 닿아 있습니다. 앞에서 언급한 자본주의 죽음의 좀비 행렬들, 세월호참사 등은 생명보다 이윤을 앞세운 맘몬자본권력이 불러일으키는 일상적 참사들입니다. 이제, 이 땅에 사는 모든 선한 이들은 명명백백하게 이 사실을 깨닫고 있습니다.

그러므로 우리 시대 이 땅의 남겨진 선한 양심들은 맘몬자본 권력에게 무참히 짓밟힌 공감, 성찰, 배려, 소통, 연대 등 하늘 은사들을 되살려내야 합니다. 이러한 하늘 은사들은 생명을 돈으로 계산하는 맘몬자본 세상 속에서 우리 모두를 참 사람됨으로 이끄는 하늘은총이기 때문입니다. 나아가 타자와 소통하고 이해하기, 이웃과 연대하고 하나 되기 등 우리 스스로 사랑 안에서 타자가 되는 '사회적 영성'을 실천하는 동력으로 작용하기 때문입니다.

빚꾸러기들의 고난과 절망의 육성

이 책은 맘몬자본 권력에 맞서 우리의 '사회적 영성, 사회적 책임'을 되살리기 위한 작은 시도입니다. 이 책은 과거 10여년 사이 '〈새벽〉의 상담활동'을 통해서 들려온 저소득·취약계층 빚꾸러기들의 고통과 절망의 소리통입니다. 이 책은 그들의 육성을 통하여 IMF 외환위기 속에서 더욱 탐욕스럽고 교활해진 우리 사회의 무소불위 맘몬자본 권력의 폐해들을 고발합니다.

그럼으로써 이 책은 이 땅의 저소득·취약계층 빚꾸러기들의 고난과 절망을 오늘 우리의 사회적 책임, 사회적 영성의 서사로 재구성하고 증언합니다. 또한 지금의 한국교회와 교우들의 일상적 신앙 삶 안에서 탕감의 신앙, 죄용서의 신앙 실천행동을 촉구합니다. 나아가 하나님께서 이 땅의 교회와 교우들에게 선포하신 희년의 대 탕감을 가로막는 맘몬자본 세상의 비뚤어진 신앙행태를 타파합니다.

이제 참으로, 돈이 아니고는 아무것도 관심이 없는 세태 속에서, 이 책의 의도와 의미가 제대로 독자들에게 전달될 지는 미지수입니다. 하지만 이 책의 내용 하나하나는 '〈새벽〉의 상담활동'을 통해 생생하게 증언된 우리시대 저소득·취약계층 빚꾸러기들의 속절없는 고통과 절망의 외침입니다. 이제, 이 외침들을 오늘의 맘몬자본 세상을 향하여 증언하지 않은 채, 침묵으로 일관할 수는 없습니다. 그러므로 "들을 귀 가진 이는 들으시오"라는 예수의 일갈에 기대어 이 책을 맘몬자본 세상 속에 내어놓습니다.

금융피해자들의 애틋한 삶의 이야기를 들려드립니다

임 태 영

민주사회를 위한 변호사모임 대전충청지부 부설 무료법률구조센터 상담활동간사

지금의 대한민국에서 돈이 없다는 것은 곧 패배, 모멸, 도태, 고립, 질병, 자살 등으로 이어질 수 있는 미래를 의미한다. 대부분의 서민들이 그러한 두려움 속에서 현재를 살아간다. 나이가 들어 갈수록 그 두려움은 더욱 커진다. 그럼에도 불구하고, 정부는 자본친화적 경제정책을 통하여 서민들을 빚의 구렁텅이 속에 빠뜨려서 병들어 죽게 만들고 있다.

사실, 올바른 민주정부라면 마땅히 사회보장을 두텁게 하여 서민들이 경제적인 문제로 인한 장래의 두려움을 갖지 않도록 해야 한다. 서민들이 정당하게 번 돈으로 장래가 아닌 현재의 삶을 인간답고 풍요롭게 향유할 수 있도록 보장해야 한다. 그렇게 국가경제시스템으로 바꾸는 것이야말로 지금의 대한민국의 모든 문제들을 해결할 수 있는 유일한 길이다.

대부분의 사람들은 남들보다 돈을 많이 모아두면 세상을 좀 편안하게 살 수 있을 것이라는 기대를 한다. 그러니, 모두들 더 많은 돈을 벌기 위해 열심히 노력한다. 아니, 그느라 고단한 인생의 대부분을 기꺼이 바친다. 많은 돈을 버는 것이야말로 오매불망 모든 사람들의 염원이 된지 오래이다.

이처럼, 이 땅에서 가난한 삶을 추구하는 사람은 별로 없을 것이다. 그런데도, 한 사람 한 사람의 삶을 자세히 들여다보면, 젊어서 열심히 일해서 모아 둔 돈을 늙어서 풍요롭게 쓰고, 인생을 즐기는 사람을 만나는 것은 매우 어려운 일이다.

우리 사회에서는 직장에서 해고 되거나, 사업에 실패를 하거나, 불운으로 장해를 입는 등, 생계가 어려워져서 국민기초생활 보호대상자로 지정되는 이들이 있다. 또한, 투기금융자본의 약탈적 대출에 걸려서 과중채무자가 되고 신용불량자 처지로 내몰려 개인파산면책을 받은 이들도 있다. 그러나 누가 국가로부터 지급받는 매월 수십만 원으로 생계를 고통스럽게 유지해 가기를 바라겠는가? 어떤 사람이 신용불량자가 되거나 파산자가 되고 싶겠는가? 그런 사람은 단 한명도 없다.

정부는 그동안 서민들에 대한 금융자본의 수탈적 경제활동을 돕는 경제정책들을 남발해왔다. 돌아보면, 서민경제 위기 발생의 주요 원인 중 하나는 신용카드 회사들의 무분별한 신용카드 발급과 한도증액으로 인해 폭발되었던 카드대란이다. 정부는 이때도 신용카드 발급 장려, 신용카드 현금서비스 한도규제 폐지 등 신용카드 대란을 부추겼다. 또한 정부는 무분별한 사채시장의 확대정책, 금융권의 가계대출 규제철폐, 정리해고 및 비정규직 양산과 같은 친親자본 경제정책을 통하여 기업과 금융자본들의 수탈적 경제활동에 합작하였다.

이러한 경제상황 속에서, 우리 사회 구성원이라면 어느 누구라도 자신의 노력과는 상관없이 채무로 인한 곤경에 놓이게 될 수 있다는 사실을 직시해야 한다. 지금의 우리 사회에서 빈곤과 채무의 문제는 개인만의 문제가 아니다. 2014년 말 전국 가계부채가 1,300조원에 육박하고 있고, 이 중 금융채무 불이행자는 350여만 명에 이른다. 3곳 이상의 금융기관으로부터 대출을 받은 다중 채무자가 328만명이다. 모든 정부기관들이 앞 다투어 이러한 경제현실에 대해 '가계 빚 대란'의 위험성을 경고하고 있는지도 오래되었다. 그러므로 정부는 자신의 과오를 감추고 가계부채의 책임을 채무자 개인에게 돌려 도덕적 해이라고 탓해선 안 된다. 그들 대부분은 성실히 경제활동을 하였음에도 불구하고 실직, 질병, 불운, 사업도산 등으로 개인이 헤쳐 나가기에는 불가능한 채무의 늪에 떨어진 사람들이다. 한마디로, 그들은 오래 전부터 정부가 조장해온 투기금융자본들의 약탈적 대출관행으로 인한 금융피해자들이다.

이와 같은 시대적 상황 속에서, 매년 파산신청을 하는 숫자가 전국 10만여 명에 달하는데도 채무자의 도덕적 해이만을 탓할 수는 없다. 또한 법원이 개인파산면책 신청자에게 파산관재인의 선임을 의무화하고, 불필요한 재산·소득 조사를 엄격히 하는 등, 파산면책사건 심리를 지연하거나 인용율을 낮추려는 행태에도 찬성할 수 없다. 이러한 법원의 행태는 우리 사회 전체의 경제위기 상황을 더욱 악화시키기만 할 뿐이다.

이 점에서 나는 파산절차라는 제도를 통하여 채무자에게 경제적 재기의 기회를 주는 것이야말로 사회적으로 더 큰 손실을 막을 수 있는 유일한 방법이라고 판단한다. 불필요하게 파산절차를 엄격히 심사하여 채무자를 괴롭히는 것보다는 신속한 파산면책 결정을 통하여 경제활동을 새로 시작할 수 있도록 도와주는 것이 마땅한 일이다. 즉, 가계부채를 감당할 수 없는 개인 채무자들에 대하여 간소하고 신속한 파산면책 결정을 내림으로써 그 채무자가 경제적으로 재기할 수 있는 길을 열어 주어야 한다.

물론, 다른 한쪽에서는 개인파산면책자들을 고깝게 보는 시선이 있을 수 있다. 아직 채무로 인한 곤경에 처하지 않았거나, 경제적으로 매우 곤란한 처지 속에서도 열심히 일을 해 빚을 갚아나가고 있는 사람 입장에서는 개인파산면책자에 비해 손해 본다는 느낌을 가질 수 있다. 나아가 배가 아픈 사람도 있을 것이다. 이렇게, 야박한 민심들까지 더해져 우리 사회에서는 빚 탕감이 필요한 채무자들을 도덕적 해이로 몰아가려는 방향성이 굳어져 버렸다.

그러나 우리 시민사회는 채무자들의 고통이 나와 무관한 일이라고 치부해서는 안 된다. 도리어 그들에게 보다 적극적인 사회적 관심을 가져 주어야 한다. 내 삶이 무엇보다도 소중한 것만큼, 그들의 삶 역시도 단 한번 뿐인 소중한 삶이라는 사실을 존중하여야 한다. 또한 개인채무자들에 대한 정부정책이 올바로 세워질 수 있도록 시민사회의 목소리를 높여야 한다. 나아가 우리 주변에서 고통 받고 있는 개인채무자들의 파산면책 및 경제적 재기를 위해 협동하고 연대해야 한다. 그것이 바로 우리 시민사회 전체가 평화롭고 조화롭게 공존할 수 있는 방법이고 나아갈 길이기 때문이다.

이와 관련하여 나는 1995년 노동조합 활동으로 출발해서 2010년부터는 민주사회를위한변호사모임 대전충청지부 부설 무료법률구조센터에서 상담원으로 활동하고 있다. 또한 민생상담활동가로서 사회적협동조합 민생네트워크 〈새벽〉에 참여하고 있다. 이렇게 20년이라는 짧지 않은 기간 동안에 우리 사회에서 고통 받고 있는 수많은 사람들과 함께 해왔다. 그러면서 수많은 사람들을 만나고 상담하고 함께 문제해결을 위해 노력해 왔다.

열심히 일했는데도 회사가 망하거나 정리해고 되어서 직장을 잃은 사람, 산업재해를 입어 불구가 되거나 죽게 된 사람들을 만났다. 부부가 함께 비정규직으로 일해도 한 달 수입이 200만원도 안 돼서 생계유지를 위해 빚을 지게 되는 사람. 정리해고 된 후 작은 점포를 하다 쫄딱 망해서 큰 빚을 지게 되고 하루아침에 알거지가 된 사람. 정부의 권장정책에 따라 시설농업을 시작했다가 큰 빚만 지고 망하게 되어 돈 빌리고 보증 선 온 가족이 파산하게 된 경우. 카드빚을 갚기 위해 아내가 노래방 도우미로 일하는 것을 가슴 속으로만 아파하다 자살하는 사람. 암 수술비를 마련하지 못해 수술을 포기하고 죽음을 선택한 사람. 파산신청 때 법원에 납부할 인지송달

료 30만원이 없어서 파산신청을 포기하는 사람. 세 번이나 자살 시도를 하였지만 그 때마다 구조되어 생명을 끊을 수도 없는 불운의 신세를 한탄하는 사람. 이 모든 사람들은 일상적 생활고와 채무와 빈곤이 만연한 현재의 우리 사회의 숨겨진 자화상이다.

이처럼, 나는 오랜 세월동안 우리 사회의 빈곤과 채무로 고통 받는 이들과의 연대를 통해서 자연스럽게 그들과 함께 눈물 흘리며 공감하게 되었다. 또, 그들의 문제가 곧 언제든지 나의 문제로 다가올 수 있다는 사실도 깨닫게 되었다. 우리 사회의 희망의 연대를 원하는 간절함 때문에 차마 밝힐 수 없는 고통과 절망의 사연들은 이 책 내용에서 제외하였다. 부디, 이 책을 읽는 독자 여러분들이 우리의 이웃인 금융 피해자들의 애틋한 삶의 이야기 속에서, 우리 모두가 함께 공감하고자 하는 부분들을 찾아내 주기를 바랄 뿐이다.

1부 · 우리 시대의 강도 만난 사람들

우리 시대, 고통당하는 신용불량자들의 목소리

수면제 모으던 철수 씨,
지금은 어떻게 되었나?

2009년 6월 중순 초여름, 철수 씨가명는 고개를 떨구고 온갖 상념에 잠겨 대전역으로 가는 인도를 걸었습니다. 오늘이 디데이. 철수 씨는 걸어가면서 수시로 주머니에 손을 넣어 비닐봉지에 담긴 수면제를 움켜쥐곤 했습니다. 철수 씨는 역 앞 큰 도로를 건너 교외로 나가는 511번 시내버스를 탈 참이었습니다.

그런데 오늘따라 초여름 한낮 햇살이 너무나 따갑습니다. 철수 씨는 얼떨결에 역 앞 지하도로 들어가 지하철 광장으로 내려섰습니다. 부지불식간에 지하철 광장으로 내려온 철수 씨는 뚫어져라 한 곳을 바라보았습니다. 마침 철수 씨가 눈길을 돌리고 있는 곳에서는 여러 민간단체의 주민봉사활동을 홍보하는 박람회가 열리고 있었습니다. 그때, 철수 씨의 눈에 들어와 꽂힌 것은 "사회적협동조합 민생네트워크 〈새벽〉"이하 〈새벽〉의 파산면책무료상담 홍보포스터였습니다.

이튿 날 아침, 뜬눈으로 밤을 새운 철수 씨는 집을 나서자마자 〈새벽〉상담센터의 문을 두드렸습니다. 철수 씨는 상담센터 민생상담활동가와 마주 앉아 자신의 문제를 상담했습니다. 철수 씨는 〈새벽〉의 민생상담활동가에게 자신의 삶 이야기를 하나하나 털어 놓았습니다.

철수 씨는 어린 시절 수도권의 한 중소 도시에서 살았습니다. 철수 씨의 어린 시절은 불행하기 짝이 없었습니다. 일찍이 철수 씨가 어린 나이였을 때 부모님이 이혼하셨고, 철수 씨는 홀어머니 품에서 외톨이로 자랐습니다. 그러다가 어머니가 재혼을 하였습니다. 그러면서 철수 씨는 의붓아버지 집에서 의붓형제들과 함께 살아야 했습니다. 하지만 철수 씨는 의붓아버지와 형제 사이에서 가족애를 느끼지 못했습니다. 또한 철수 씨와는 나이 차이가 많이 나는 의붓형제들도 철수 씨를 따돌리고 백안시했습니다.

그러던 중 철수 씨가 중학생일 때, 어머니마저 돌아가셨습니다. 어린 나이의 철수 씨는 주변에 아무런 피붙이도 찾아 볼 수 없는 천애고아가 되고 말았습니다. 그 무렵에 철수 씨는 무작정 서울로 가출을 했습니다. 그러면서 의붓식구들과의 모든 가족관계가 단절되었고, 외톨이 삶을 살게 되었습니다.

철수 씨는 서울에서 이것저것 닥치는 대로 일용노동을 하며 생계를 꾸렸습니다. 더러는 가게에서 점원 노릇도 하고, 더러는 식당일도 하며, 부평초처럼 떠도는 삶을 살았습니다. 그러다가 철수 씨는 눈 너머로 자동차 정비 일을 배웠습니다. 그 후 철수 씨는 전국을 떠돌며 작은 카센터에서 일을 했습니다. 그렇게, 흘러 흘러서 부산까지 내려갔습니다. 다행히도 철수 씨는 부산에서 자동차 정비공장의 정식직원으로 취업을 하였습니다. 철수 씨는 자동차 정비공장 차량도장 부서에서 전문적으로 차량도장 일을 하게 되었습니다.

그렇게 철수 씨는 안정된 직장생활을 하면서 기술도 배우고 돈도 좀 모았습니다. 나아가 미래를 약속한 여자 친구도 생겼습니다. 90년대 중반에 이르러 철수 씨는 자기 사업을 하기로 결심했습니다. 철수 씨는 그동안 모아 놓은 돈에다 카드대출 등 여기저기서 작은 빚들을 내어 자동차 도장업체를 차렸습니다. 그러는 과정에서 철수 씨의 여자 친구도 3000여 만 원을 투자했습니다.

철수 씨는 부산지역의 작은 카센터를 돌며 도장차량을 수주하는 영업을 했습니다. 철수 씨에게는 생전 처음해보는 영업활동이었고 "내 사업"이었습니다. 철수 씨는 나름대로 친절하고 진정성 있는 영업활동을 했고, 온 힘을 다 쏟아 사업을 했습니다. 그래서인지 철수 씨의 사업은 처음부터 순풍에 돛을 단 듯 했습니다. 오래지 않아 단골 거래처도 생겨났고 굳이 영업활동을 하지 않아도 일감이 몰려들었습니다.

그러나 그런 호시절은 잠시 잠깐뿐이었습니다. 1997년 IMF 외환위기로 인한 경제 한파가 몰아치면서 철수 씨의 사업은 휘청거릴 수밖에 없었습니다. 업계 관행상 외상거래가 다반사인 상황에서, 하루아침에 여러 작은 카센터들이 문을 닫고 소식을 끊었습니다. 그 바람에 일감도 끊기고 기존의 차량도장 대금도 떼이곤 했습니다. 그런 일은 한 달, 두 달 시간이 가면서 더욱 더 빈번해졌습니다. 큰 밑천 없이 사업을 시작한 철수 씨는 더 이상 버티지 못하고 차량도장 사업을 접을 수밖에 없었습니다.

하지만, 철수 씨가 자동차 도장공장을 처분한 돈으로 빚을 정리하고 보니, 자신과 여자 친구의 투자금은 한 푼도 건지지 못했습니다. 그러는 과정에서 여자 친구와의 관계도 파국을 맞이하였습니다. 마침내 여자 친구마저 철수 씨의 곁을 떠났습니다. 철수 씨는 또다시 혈혈단신으로 전국을 유랑해야 하는 처지가 되었습니다.

그길로 철수 씨는 반 노숙생활을 하며 전국을 떠돌아 다녔습니다. 간간이 일용노동을 하기도 하고 구걸도 하며 생계를 꾸렸습니다. 그러는 와중에 철수 씨는 몇몇 중한 질환을 앓았습니다. 하지만 병원에 갈 엄두도 못낸 채, 제때 치료 받아야 할 시기를 놓쳤습니다. 그러다가 2007년경 부터는 대전으로 와서 머물렀습니다.

그러던 어느 날, 철수 씨는 길거리에서 쓰러졌습니다. 119구조 차량이 달려와서 철수 씨를 충남대병원 응급실로 실어가 입원시켰습니다. 그렇게 철수 씨는 충남대학병원에서 수술 및 여러 가지 치료들을 받았습니다. 그런 와중에 1,000만 원이 넘는 병원비가 발생했고 추후 오랫동안 통원치료를 받아야만 했습니다. 철수 씨는 급한 대로 신용카드대출을 받아 병원비로 충당했습니다. 앞으로 몸이 나아지면 건축현장 일용노동이라도 해서 카드빚을 메울 요량이었습니다.

하지만, 철수 씨의 질환은 몇 번의 수술과 오랜 병원치료에도 불구하고 별차도가 없었습니다. 그러다 보니 철수 씨는 계획했던 건축현장 일용노동마저 할 수 없었습니다. 날이 갈수록 카드빚은 늘어만 갔고 빚을 갚을 길은 보이지 않았습니다. 당장의 생계마저 막막한 가운데 극심한 카드빚독촉에 시달려야 했습니다. 철수 씨는 불안과 절망 속에서 하루하루를 견디는 가운데 정신질환까지 앓았습니다.

도저히 살아갈 길을 찾지 못한 철수 씨는 자살을 결심했습니다. 자살을 결심한 철수 씨는 두 달여 동안 병원과 약국을 드나들며 수면제를 모으기 시작했습니다. 마침내 2009년 6월경, 충분한 수면제가 모아졌고 자살을 결행할 날짜까지 잡았습니다. 바로 그날이 되어, 철수 씨는 시내버스를 타고 미리 보아둔 교외 한적한 장소로 가려고 대전역 앞을 지나게 되었습니다. 그날, 초여름 햇살이 유난히 뜨겁고 무더워서 무심결에 대전역 지하철 광장으로 내려섰습니다. 그리고 철수 씨는 마치 운명처럼 〈새벽〉 상담활동 홍보부스를 발견하였습니다. 그리고 이튿날 철수 씨는 〈새벽〉상담센터 문을 두드릴 수 있었던 것입니다.

'개인파산면책'은 금융자본주의 경제체제에서의 인간 권리

IMF이후, 금융자본 경제체제에서 기업은 생존이 걸린 상황에 처해 회생도 하고 파산도 합니다. 우리는 소위 법적 인격을 부여받은 기업들이 회생을 하거나 파산하는 것을 매우 당연하게 여깁니다. 그럼에도 불구하고 왜, 살과 피를 가진 진짜 사람은 생사존망生死存亡의 상황에서 파산을 하거나 회생을 하는 것을 도덕적 해이라고 폄훼할까요? 생사존망의 위기상황에서 아무런 길이 보이지 않아 자살로 생을 마감하는 사람들의 빚이 삼사대 후손에게까지 세습되는 것이 사회적으로 마땅한 일일까요?

금융자본 경제체제에서 경제활동을 하다 빚을 지고 파산에 이르게 되는 상황은 기업이나 개인이나 마찬가지입니다. 아니 도리어 IMF 외환위기 이후 우리 사회의 가난한 서민들일수록 국가적 경제위기와 사회적 역경을 버텨내기 더더욱 힘에 겹습니다. 기업들의 일상적인 구조조정으로 인해 많은 사람들이 하루아침에 실업자가 되거나 하루벌이 노동자로 전락합니다. 그들 중 일부는 영세 자영업자가 되어 거대기업 상권과 피 터지는 생존경쟁에 내몰립니다. 이렇게 소득과 경제상황의 양극화 속에서 가난한 사람들이 IMF와 같은 사회 경제위기를 만나면 속절없이 파산에 이릅니다.

이것은 개인의 도덕적 문제이거나 개인의 무능력만의 문제가 아닙니다. 오늘의 금융자본 경제체제가 일으키는 세계경제 위기 속에서 수많은 기업들의 파산이 사회적 문제로 인식되는 것처럼, 개인의 파산상황 역시 사회적 책임의 문제입니다. 감당할 수 없는 빚더미에 치여 절망과 고통의 나락에서 허덕이는 개인채무자에게 공권력과 사법권을 동원하여 빚을 갚으라고 강요하는 것이야말로 가장 비열하고 비도덕적인 행위입니다.

다행스럽게도 수면제를 모으던 철수 씨는 〈새벽〉 상담센터와 상담을 통하여 먼저 기초생활수급자신청을 안내받았습니다. 그리고 동사무소에 수급자신청을 하였고 구청의 실사를 거쳐 기초생활보장수급자로 지정되었습니다. 또한, 법원에 개인파산면책을 신청한 후 파산면책을 받았습니다. 현재, 철수 씨는 어느 정도 건강을 회복했고 새로운 삶을 개척하고 있습니다.

"나도 왕년에는 내로라하는 공무원이었소"

저의 어린 시절 기억들은 가난 뿐입니다. 이제 어느덧 예순을 바라보는 저는 전라도 시골 가난한 농가의 다섯 남매 중 막내로 태어났습니다. 부모님은 내 땅이라곤 한 뙈기도 가져 보지 못한 소작농으로 평생 농사를 지으며 사셨습니다. 그렇게 어려운 가정형편 속에서, 막내였던 저는 어렵사리 실업계 고등학교라도 졸업할 수 있었습니다.

고등학교 졸업 후 어떻게든 빨리 가난에서 벗어나려는 열망으로 공무원 시험을 보았습니다. 물론 요즈음은 공무원 되는 것이 하늘의 별따기이지만, 그 시절에 말단 공무원이 되는 일은 그리 어렵지 않았습니다. 저는 뜻한 바대로 공무원이 되었습니다. 그리고 1980년대 초, 토목직 지방공무원으로 공직생활을 시작했습니다. 공직생활 중에 어여쁜 여성을 만나 결혼도 하였고, 슬하에 두 자녀를 두었습니다.

빚보증으로 떠안은 빚더미

20여 년 가까이 공무원 생활을 하다 보니 형제자매는 물론 주변 친지들까지 이런저런 빚보증을 서 달라고 조르는 일이 많았습니다. 저는 가급적 빚보증을 자제하려고 애를 썼습니다. 하지만, IMF 무렵에 이르기까지 이런 저런 연유로 몇몇 친지들의 빚보증을 설 수밖에 없었습니다.

특별히, 손아래 처제의 카드 빚 대환 대출에 보증을 서게 되었습니다. 하지만, 처제는 제 때에 카드빚을 상환하지 못했습니다. 그 바람에 저는 극심한 빚독촉에 시달리기 시작했습니다. 심하게는 추심원이 직장에까지 전화를 하거나 직접 찾아오는 일도 있었습니다. 그밖에 다른 친지들에게 서 준 빚보증도 IMF 경제위기로 상환불능 상태로 전락하고 말았습니다. 빚을 진 친지들이 하루아침에 신용불량자가 되어 길거리로 나앉거나, 행방불명이 되어 소식이 끊겼습니다. 그러다보니 그 모든 채무들이 고스란히 저의 채무로 떠넘겨지게 되고 말았습니다.

그런데다가 IMF경제체제 하에서 이자제한법이 폐지되면서 갑자기 이율이 높아졌습니다. 모든 채무들이 하루아침에 고리채가 되고 말았던 것입니다. 사채 이자는 아예 상상조차 할 수 없는 수준이었고, 시중은행 이자마저도 30~35%까지 치솟았습니다. 그러면서 친지들로부터 저에게 떠넘겨진 보증채무가 눈덩이처럼 불어났습니다. 이대로 가다가는 저 자신마저도 패가망신할 것이 뻔해 보였습니다. 그 당시 제가 할 수 있는 것이라고는 단 하나, 명예퇴직을 해서 빚을 청산하는 길 뿐이었습니다.

어쩔 수 없이 시작한 '내 사업'

저는 이참에 명예퇴직을 해서 친지들의 빚보증을 청산한 후, "내 사업"을 해 보아야겠다고 마음먹었습니다. 그래서 공무원 생활 만 20년이 되는 시점에서 명예퇴직을 신청했습니다. 그러면서 퇴직금과 명예퇴직보상금을 합쳐 약 1억 원의 목돈을 손에 쥘 수 있게 되었습니다. 그중 7,000여만 원을 친지들의 보증 채무를 갚는 데 사용했습니다. 그리고 남은 3,000만 원으로 작은 건설업체를 차렸습니다. 솔직히 저는 오매불망 '내 사업'을 바라지 않았습니다. 그저 공무원으로 봉직하면서 큰 탈 없이 정년퇴임을 맞이할 수 있기를 바랐을 뿐이었습니다. 하지만 IMF 이후 우여곡절 끝에, 제가 뜻한 바는 아니었지만 '내 사업'을 시작하였습니다. 그리고 나름대로 희망에 부풀었습니다.

첫 공사로 교외에 짓는 대규모 LPG주유소 건설 토목공사를 수주했습니다. 그런데 한창 토목공사가 진행 중일 때, 주변 마을 사람들과 민원 시비가 붙었습니다. 주민들은 LPG주유소가 주거 생활의 위험이 된다며 관공서에 공사 중지를 요청하는 진정서를 접수했습니다. 그러면서 공사가 1년 넘게 중단되었습니다.

공사가 중단되고, 저는 기왕에 해 놓은 토목공사 대금을 제때 받을 수 없었습니다. 그 당시 저는 아무런 여윳돈도 없이 건설 사업을 시작했습니다. 그러다보니 인건비와 자재비 그리고 장비 사용료 등 모든 비용을 사채를 빌리거나 신용카드 대출을 통하여 충당해야만 했습니다. 갑자기 빚이 쌓이기 시작했습니다.

1년여 만에, 건설주가 마을 사람들과 보상협상을 완료했습니다. 그리고 다시 공사를 시작했습니다. 그러나 이미 저는 빚쟁이들에게 시달리는 처지가 되고 말았습니다. 첫 공사에서부터 감당할 수 없는 어려움을 겪게 되었고, 저의 건설 사업은 시작부터 망조가 들기 시작했습니다.

그러는 와중에, 저는 사업을 계속하면서 위기를 벗어나는 길을 모색해야만 했습니다. 그리고 그 길은 누가 무어라 해도 새로운 일감들을 수주하는 것밖에 없었습니다. 저는 백방으로 노력한 끝에, 청주의 시설관리공단이 발주한 시설물 건축공사를 수주했습니다. 하지만, 그 당시 저는 건축 분야의 경험이 부족했습니다. 또한 어떻게든 자금을 돌려야 했던 상황이었습니다. 그 바람에 건축시공 단가를 너무 낮게 책정하는 실수를 저지르게 되었고, 어렵사리 수주한 시설물 건축공사는 큰 손해를 보고 말았습니다. 그렇게, 저의 건설 사업은 두 번의 공사에서 거푸 쓴맛을 보았습니다. 그러면서 저의 건설 사업은 속절없이 망하고 말았습니다.

빚은 가정 파괴범

이후, 저는 신용카드 대금 및 사채 빚으로 극심한 추심에 시달렸습니다. 어디든 취업을 해 보려고 노력했으나 신용불량자 처지에서 취업하기는 하늘의 별따기였습니다. 하는 수 없이 일용 막노동이라도 하며 생계를 꾸리는 수밖에 없었습니다. 하지만 하루벌이 막노동으로는 막대한 채무를 갚아 나가며 생활을 하기가 불가능했습니다. 그러면서 저는 저축은행, 새마을금고, 신협 등에서 소액 대출을 받아 기존 채무의 이자를 내거나 모자라는 생활비로 충당해야만 했습니다.

그러나 빚으로 빚을 갚는 것은 점점 더 빚을 키우는 일밖에 아무것도 아니었습니다. 그나마도 제때에 빚 돌려막기가 되지 않다보니, 날이면 날마다 빚독촉 전화며 문자들이 날아들었습니다. 일부 사채업자들은 집으로 쫓아와 행패를 부리기도 했습니다. 그러는 통에 어린 자녀들이 무서워서 집에 들어오기를 꺼렸습니다. 아내와도 빚 문제로 인한 다툼이 빈번해졌습니다. 아내는 저에게 집을 나가든지 차라리 이혼을 하자고 통고했습니다. 저로서도 빚 문제로 가정생활이 황폐해져가는 것을 더 이상 바라만 볼 수 없었습니다. 결국 저는 아내와 합의이혼을 하였습니다.

이혼 이후, 아내는 과일 장사, 배추 장사, 두부 장사 등 험한 일을 해 가며 아이들과 생계를 꾸렸습니다. 저는 멀찍이서 그 참담한 모습을 바라만 보았을 뿐 아무런 도움도 줄 수가 없었습니다. 두 아이의 아버지로서, 가장으로서 너무도 부끄럽고 창피스러웠습니다.

나도 왕년에는 내로라하는 공무원이었소

이혼 이후 저는 하루벌이 막노동으로 생계를 꾸렸습니다. 그러는 중에 당뇨병이 찾아 왔습니다. 스트레스와 불안으로 머리칼이 빠지고 몸도 약해졌습니다. 그러던 어느 날, 저는 길거리를 지나다가 저혈당 쇼크로 쓰러졌습니다. 그런데 주변을 지나던 사람들이 저를 병원으로 업고 가서 살려냈습니다. 저는 지금도 '차라리 그때 그렇게 죽었으면 좋았을 텐데…'라고 여기고 있습니다.

이후, 막노동도 못하고 아무런 소득이 없는 상황에서 노숙자 대열에 합류했습니다. 기차역 주변과 지하철역 지하도에서 노숙을 했습니다. 끼니는 역 주변 무료 급식소에서 해결했습니다. 하루하루를 아무런 희망도 의지도 없이 무력하게 지냈습니다. 그렇게 노숙자 생활을 하면서 지난 날들을 생각해 보았습니다. 나는 모범공무원이 아니었다 해도, 나름 한길로 20년을 봉직한 공무원이었습니다. 하지만, 내가 하루아침에 거리의 노숙자 신세가 되리라고는 꿈에도 상상하지 못했습니다.

수급자가 되어서도 끊이지 않는 빚독촉

저는 오랜 노숙자 생활에서 다시 하루벌이 막노동을 시작했습니다. 집을 얻을 형편이 아니라 여관 장기월세 방에 기거하며 몸이 견딜 만한 일거리를 찾곤 했습니다. 그렇게 아무런 욕망도 바람도 없이 하루살이에 목을 매고 살았습니다. 그러던 2010년 어느 날, 저는 건설 현장에서 잡부 일을 하는 중에 추락 사고를 당했습니다. 그 사고로 팔과 다리에 골절상을 입었고, 여러 달 병원 신세를 져야 했습니다. 그 후 오래도록 물리 치료를 받았으나 결국 지체장애인이 되고 말았습니다.

지체장애인이 된 저는 도저히 먹고 살 길이 없어서 동사무소에 기초생활보장수급자 신청을 했습니다. 그리고 사회복지 공무원의 생활실태 조사를 거쳐 수급자로 결정되었습니다. 저는 지자체에서 매월 지급하는 생계비 40여만 원으로 하루하루를 생존해야 하는 처지가 되었습니다.

그러한 삶의 상황 속에서도 극심한 빚독촉은 끊이지를 않았습니다. 하루가 멀다 하고 '법적 절차 진행'이라는 협박성 독촉장이 날아들었습니다. 당뇨, 고혈압, 간질환에다 지체장애인 저는 감당할 수 없는 채무를 지고 더는 살아야 할 이유가 없었습니다. 좌절과 절망 속에서 하루 종일 자살만을 생각했습니다.

그러나 스스로 생목숨을 끊는 것은 정말 못할 짓이었습니다. 어떻게든 미래에 대한 희망의 끈을 놓고 싶지 않았습니다. 그러는 중에 저는 이웃의 소개로 〈새벽〉의 문을 두드릴 수 있는 기회를 얻었습니다. 그 후 법원의 파산면책결정을 받아 오랜 채무의 늪에서 벗어날 수 있었습니다. 이제 저는 조금씩이라도 건강이 회복된다면 아직 할 일이 있을 것이라는 미래의 소망을 갖습니다.

"단 하루라도 빚 없는 세상에서 살고 싶다"

2011년 초, 지자체의 주민복지 사례관리 담당자가 내담자 한길수 씨(가명)를 모시고 〈새벽〉을 찾아왔습니다. 한길수 씨는 50대 초반 나이였는데 한눈에 보기에도 병색이 완연했습니다. 그는 여러가지 궤양과 관절염, 그리고 우울증 등 정신질환을 앓고 있었습니다. 거기에다가 2005년경부터는 희귀난치성 질환인 '베체트' 진단을 받고 투병생활을 해왔다고 합니다.

이렇게, 한길수 씨는 여러가지 질환을 앓으며 근로능력을 상실했고 기초생활보장 수급자로 살아왔습니다. 그런 와중에도 싸락눈 쌓이듯이 늘어나 감당할 수 없는 지경에 이르게 된 카드빚으로 혹독한 채권 추심에 시달리고 있었습니다. 하루가 멀다 하고 전화와 문자, 법적조치 운운하는 빨간색 줄이 그어진 독촉장들이 날아든다고 했습니다. 심하게는 한밤중에 전화가 걸려와 조롱과 욕설을 퍼붓기도 했다고 합니다.

한길수 씨는 여러가지 질환으로 노동능력을 상실한 채 수급자로 살아가면서, 극심한 빚독촉에 시달리는 자신의 삶이 죽음보다 나은 게 아니라고 한탄했습니다. 그러면서 한길수 씨는 오래 전부터 개인파산면책을 생각해 보았지만 비용을 마련할 수 없어서 포기했다고 합니다. 그 후, 한길수 씨는 지자체 복지사례 관리사에게서 〈새벽〉의 활동소식을 듣게 되었습니다. 마침내 그는 지자체 복지사례 관리사의 손에 이끌려 〈새벽〉상담실 문을 두드릴 수 있게 되었습니다. 〈새벽〉상담활동가와 마주한 한길수 씨는 큰 눈을 껌벅이며 '죽음보다 더 무서운 것은 빚진 죄인으로 사는 것'이라고 말했습니다.

한길수 씨는 충북 지역의 시골 동네에서 가난한 농가의 여러 형제 중 맏이로 태어났습니다. 어려운 가정형편 속에서 중학교를 졸업하는 것으로 모든 배움을 마쳐야 했습니다. 중학교를 졸업한 이후에는 이런저런 일용노동을 하며 가계를 도왔습니다. 그러다 나이가 차서 군에 입대했습니다. 한길수 씨는 다행히도 군에서 운전을 배워 제대를 했습니다. 제대 후에는 도시로 나와 택시운전면허를 취득하고 택시운전을 시작했습니다. 한길수 씨는 성실하고 근면하게 택시운전을 했습니다. 동료의 소개로 배우자를 만나 가정을 꾸렸고, 딸 둘을 자녀로 두었습니다. 그 무렵 한길수 씨는 가난하지만 아무런 빚도 없이 참으로 행복한 가정을 꾸릴 수 있었다고 합니다.

그러나 한길수 씨의 행복한 가정은 한순간에 파탄이 나고 말았습니다. 1998년 가을 어느 날, 한길수 씨가 택시운전 중에 큰 사고를 당했기 때문입니다. 그날은 좀처럼 볼 수 없었던 거센 비바람이 몰아치던 날이었습니다. 한길수 씨는 평소보다 더 조심스럽게 택시를 몰았다고 합니다.

한길수 씨는 가로등이며 신호등마저 모두 꺼져 있는 사거리를 조심스럽게 좌회전 하고 있었습니다. 그런데 갑자기 맞은편에서 승용차가 달려들어 한길수 씨 택시 가운데를 들이받았습니다. 그 사고로 한길수 씨는 생명이 위태로울 만큼 중상을 입었습니다. 병원에서 응급수술을 받은 이후에도 출혈이 멈추지 않고 계속되었다고 합니다.

그렇게 한길수 씨는 3년여 동안 병원신세를 져야만 했습니다. 경찰의 사고조사가 쌍방과실로 결론나면서, 한길수 씨는 아무런 보상도 없이 병원비만 겨우 보험으로 처리할 수 있었습니다.

이 사고로 인해 한길수 씨 가족은 극심한 생활고를 겪어야만 했습니다. 한길수 씨의 아내는 남편의 병원 수발과 가족의 생계를 홀로 책임져야만 했습니다. 그 바람에 아내는 극심한 생활고를 견디지 못하고 집을 나갔습니다. 한길수 씨는 투병 중인 자신과 아이들마저 버려둔 채 집을 나가버린 아내가 한없이 원망스러웠습니다. 하지만 병상에 누워있는 처지에서 어찌해 볼 도리가 없었다고 합니다. 하는 수 없이 한길수 씨는 아이들의 거처를 시골 친척 집으로 옮기고 아이들을 시골학교로 전학을 시켰습니다. 그렇게 아이들도, 한길수 씨도 갑작스레 닥쳐온 고난을 온몸으로 감내해야만 했습니다.

몇 달 후, 아무런 소식조차도 없었던 아내가 나타나, 한길수 씨 모르게 아이들을 데리고 자취를 감추어버렸습니다. 나중에야 한길수 씨는 그 사실을 알게 되었지만 딱히 대응해야 할 방도를 찾지 못했다고 합니다. 그 이후 한길수 씨는 가족과의 모든 관계가 단절되고 말았습니다. 한길수 씨는 아내의 처사에 대한 원망과 미움으로 마음의 병마저 얻게 되었습니다.

2001년 가을 무렵, 한길수 씨는 몸도 마음도 병든 상태로 병원에서 퇴원을 했습니다. 퇴원 이후에도 스스로 몸과 마음의 병을 추스릴 수 없는 상황이었습니다. 한길수 씨는 혈혈단신으로 여기저기 시골친척집을 전전하며 요양생활을 해야만 했습니다.

2002년 여름 무렵, 한길수 씨는 가출한 아내로부터 이혼을 요청하는 전화를 받았습니다. 이때 이미 한길수 씨는 몸도 마음도 병들어 근로능력을 상실한 처지였습니다. 생각하기에 따라서는 이혼이야말로 아내와 아이들의 생계를 위한 한길수 씨의 최선의 선택이기도 했습니다. 한길수 씨는 아내에 대한 원망과 미움을 내려놓고 아내의 요청에 따라 합의이혼을 했습니다.

　세월이 흘러 한길수 씨는 어느 정도 몸과 마음을 추스릴 수 있었습니다. 한길수 씨는 지자체의 공공근로사업에 참여해서 생계를 꾸렸습니다. 그러는 중에 한길수 씨는 새로운 배우자를 만났습니다. 배우자는 전남편의 사업실패로 과중한 채무를 졌고 극심한 추심에 시달렸다고 합니다. 전남편의 성격파탄과 가정폭력에 고통 받던 그녀 역시 우울증과 공황증 등 정신질환에 시달리다 끝내는 이혼에 이르게 되었습니다. 그렇게 한길수 씨와 새 배우자는 서로의 삶의 상처를 끌어안고 서로 위로하며 함께 새로운 출발을 다짐하였습니다.

　한길수 씨는 새로운 가정을 꾸리면서 할부로 1톤 트럭을 구입한 후, 용달업으로 생계를 꾸렸습니다. 새로 시작한 살림살이가 비록 넉넉하지는 않았지만 다시 시작한 삶의 기쁨을 누릴 수 있었습니다.

　하지만, 한길수 씨의 새로운 삶도 얼마가지 않아 암초를 만났습니다. 그 무렵에는 길거리 어디에서든 신용카드 발급 영업사원들이 진을 치고 있었습니다. 아무나 지나가는 사람들을 붙잡고 신용카드 발급 영업활동을 했습니다. 그러다보니 남녀노소 가릴 것없이 많은 사람들이 '묻지마 영업활동'에 붙잡혀 불필요한 신용카드를 발급받았습니다. 한길수 씨도 길거리에서 늘 만나는 신용카드 발급 영업사원을 통해 여러 개의 신용카드를 발급받았습니다.

　처음에, 한길수 씨는 신용카드를 이용해 차에 기름을 넣거나 생필품을 구입하는 등 별 문제없이 카드를 사용했습니다. 그러던 중 갑자기 아내의 정신질환이 심각해졌습니다. 한길수 씨는 아내를 돌보느라 제대로 용달 일을 할 수 없었습니다. 그러면서 신용카드 사용이 잦아졌고, 덩달아 신용카드 대금도 늘어났습니다. 그러다가 2004년경에 이르러 아내가 심각한 정신발작을 일으켰습니다. 그때부터 아내는 정신병원 입·퇴원을 반복해야하는 처지가 되었습니다.

2005년경 무렵에는 한길수 씨 본인마저도 '베체트'라는 희귀 난치성 질환을 앓게 되었습니다. 한길수 씨는 자신의 병치료와 아내의 병구완을 하느라 아예 용달사업을 포기할 수밖에 없었습니다. 그 이후로 한길수 씨는 감당할 수 없는 빚더미를 안게 되었습니다. 갚지 못한 카드빚과 차량할부금이 쌓여 속절없이 신용불량자 신세가 되었습니다. 한길수 씨의 새로운 삶은 빗발치는 빚독촉에 시달리면서 또 다시 절망의 나락으로 떨어졌습니다.

한편, 지자체는 희귀질환자인 한길수 씨가 노동능력이 있다고 극구 우기며 한길수 씨 부부를 수급자로 지정해주지 않았습니다. 한길수 씨는 이대로 있다가는 자신과 아내 둘 다 죽겠구나 싶었습니다. 한길수 씨는 지자체의 수급자 조건을 맞추기 위해 아내와 두 번째 이혼을 해야만 했습니다. 그래야만 아내라도 홀로 기초생활보장 수급자로 지정될 수 있었기 때문입니다. 어떻게든 아내만이라도 제대로 된 병 치료를 받을 수 있는 길이 열리기를 바랄 뿐이었습니다.

한없이 더뎌진 파산면책 결정

아내와 억지이혼을 하게 된 이후 2010년 겨울 무렵, 한길수 씨 본인도 여러 질환이 점점 더 깊어지게 되었고 베체트 질환 증상도 악화되었습니다. 한길수 씨는 다시 지자체의 사회복지 문을 두드려야 했고 이번에는 기초생활보장수급자로 지정될 수 있었습니다. 그러면서 당장 먹고사는 문제와 병 치료에 대한 여유를 갖게 되었습니다. 하지만 끝도 없이, 사정도 없이 몰아치는 빚독촉은 벗어날 길이 없었습니다. 그러는 중에 한길수 씨는 지자체의 사회복지 사례관리사를 만나 본격적인 돌봄을 받게 되었습니다. 그리고 지자체의 사회복지 사례관리사의 안내로 〈새벽〉을 만나게 되었고 개인파산면책신청을 하게 되었습니다.

한길수 씨는 〈새벽〉을 통해 법원에 개인파산면책을 신청한 이후 귀찮을 정도로 〈새벽〉상담센터에 그 결과를 문의해왔습니다. 한길수 씨는 파산면책이 되어 채무의 덫에서 벗어나기만 한다면, 금방이라도 자신의 병세가 호전 될 것이라고 스스로 믿는 것 같았습니다. 하지만, 법원은 아무런 이유 없이 한길수 씨의 파산면책 심리를 더디게 진행했습니다. 파산면책 신청 후 1년이 넘어서야 가까스로 파산이 결정되었습니다. 앞으로 면책 결정까지의 기간을 예측하기도 어려웠습니다.

사실, 2007년여까지만 해도 빠르면 6~7개월, 늦어도 1년 안에 법원의 파산면책결정이 내려졌습니다. 그러나 2008년 이후 법원의 개인파산면책 심리가 한없이 늘어지기 시작했습니다. 그리고 이유없이 까다로워졌습니다. 그러면서 개인파산면책 결정기간이 길게는 1년 6개월에서 2년여까지 걸리기도 했습니다.

도대체, 무슨 억하심정일까요? 약탈적 대출에 골몰하는 금융자본을 옹호하느라 막다른 절망의 벽에서 통곡하는 채무자에게 도덕적 징벌을 가하는 것일까요? 법원의 개인파산면책제도 운용행태를 규탄하지 않을 수 없습니다!

시간이 지나면서 한길수 씨의 문의 전화가 뜸해졌습니다. 그러다가 아예 소식마저 끊겼습니다. 마침내, 한길수 씨의 파산면책결정이 났습니다. 〈새벽〉상담센터에서는 한시라도 빨리 이 기쁜 소식을 전하기 위해 한길수 씨에게 연락을 취했습니다. 하지만 한길수 씨의 핸드폰은 불통이었습니다. 할 수 없이 〈새벽〉상담센터에서는 한길수 씨 핸드폰에 파산면책이 되었다는 문자를 날렸습니다. 2주 정도 지나서, 한길수 씨의 지인으로부터 "한길수 씨가 한 달 전쯤 세상을 떠났다"는 연락이 왔습니다.

그토록 오매불망 법원의 파산면책결정을 학수고대하던 고인이었는

데…채무의 늪에서 벗어나 "단 하루만이라도 빚 없는 세상에 살고 싶다"고
했던 고인의 명복을 빕니다.

누가 이 강도 만난 사람의 이웃이 되겠느냐?

　한국 교회는 선한 사마리아사람눅 10:25-37비유를 너무도 잘 알고 있습니다. 수없이 많은 설교에서 이 비유가 본문으로 선택되고 있습니다. 따라서 한국 교회 교우들도 귀에 못이 박히도록 '선한 사마리아인'의 설교를 들었을 것입니다.

　그렇다면 우리는 스스로에게 질문해야 합니다. 우리는 우리시대에 강도 만난 사람이 누구라고 생각하는지. 우리는 이 시대의 강도만난 사람을 보고 어떻게 대하고 있는지. 만약, 우리 스스로가 우리시대의 강도 만난 사람들에 대하여 제대로 알지 못한다면, 우리가 우리시대의 강도 만난 사람들에 대하여 잘 알지 못하는 이유는 무엇인지. 또 만약, 우리가 우리시대에 강도 만난 사람들에 대하여 잘 알고 있음에도 불구하고 그들의 고통에 대해 무감각하다면, 그 이유는 무엇인지. 우리가 우리시대의 강도 만난 사람들을 구태여 피해가려는 이유는 무엇인지.

　그러나 정작 선한 사마리아 사람 비유에 대한 한국교회와 교우들의 신앙 실천영성은 빵점이나 다름 없습니다. 사실, 우리시대의 금융자본 경제체제에서 교회나 교우들의 종교영성은 부와 힘과 지식 숭배라는 욕망의 영성에 매몰되기 십상입니다. 오늘 우리는 금융자본 경제체제의 무한경쟁·무한독점·무한축척·무한소비로 점철된 우리자신의 삶의 마당, 욕망의 영성을 직시해야만 합니다.

　이점에서 우리는 선한 사마리아 사람 비유에서 드러나는 세 부류의 사람들의 삶의 영성을 들여다 볼 필요가 있습니다. 첫 번째는 교만과 자랑으로 점철된 율법사의 자기기만적 종교영성입니다. 이 율법사는 다른 이예수를 시험함으로써 자신을 드러내려는 자기기만적 종교영성을 가진 사람입니다. 선한 사마리아 사람 비유 사건에서는 이러한 율법사의 종교영성을 드러내는 삼음보三音步 행동양태를 여실히 보여주고 있습니다. 곧 "율법사가 일어나 / 예수를 시험하여 / 떠들어 대다"라는 표현입니다. 율법사의 이러한 종교적 태도와 동기는 오직 사익추구입니다. 그래서 그는 예수께 이렇게 묻습니다. "무엇을 행하여야, 내가 영생을 내 몫으로 받겠소?"

두 번째는 부와 힘과 지식의 숭배자로써 제사장과 레위인의 세속화한 종교영성입니다. 그들은 강도만난 사람을 보고불의의 현장을 보고 멀찍이 피하여 반대편으로 달아납니다. 그들 역시 자신들의 세속화한 종교영성을 드러내는 '삼음보 삶의 태도'를 여실히 보여 줍니다. 곧 "그 길강도들의 세상로 내려가다가 / 강도 만난 사람을 보고는 / 피하여 반대쪽으로 도망갔다"라는 표현입니다.

그러나 세 번째, 선한 사마리아 사람은 하나님께서 사람에게 선물하시는 "불쌍히 여김"이라는 인간 본연의 삶의 영성을 각인刻印합니다. 사마리아 사람은 강도 만난 사람을 보자마자, 그를 불쌍히 여깁니다. 이때 사용하는 헬라어동사가 "스플랑크니조마이"〈σπλαγχνίζομαι〉입니다. 이 동사는 '스플랑크논'〈σπλάγχνον 창자, 내장〉이라는 낱말에서 유래하는 것인데, 이 동사는 예수의 '불쌍히 여기는 마음'을 표현할 때 상투적으로 쓰이는 동사입니다. 이점에서 "스플랑크니조마이"라는 헬라어 동사에 대한 완벽한 우리말 표현은 "애간장이 녹다"입니다.

그러므로 여기서 선한 사마리아 사람 역시 자신의 삶의 영성을 드러내는 삼음보 삶의 태도를 분명하게 보여줍니다. 곧 "불쌍히 여겨 / 가까이 다가가서 / 상처를 싸맸다"라는 표현입니다.

이렇게, 예수는 이 선한 사마리아 사람 비유를 마치며 청중들을 향하여 일갈합니다. "누가 이 강도만난사람의 이웃이 되겠느냐?" 한마디로, 선한 사마리아 사람 비유에서 예수의 결론은 "너도 가서 이같이 하라!"입니다. 나 중심의 자랑과 교만의 종교 영성에서 돌이켜, "너 중심의 불쌍히 여김"의 삶과 신앙 영성을 실천하라는 것입니다. 돌보는 자에서 돌봄을 받아야할 사람을 중심으로, 섬김과 나눔의 이웃사랑을 펼치라는 것입니다.

그러므로 오늘 우리는 율법사의 자기자랑을 넘어 서서 / 선한 사마리아 사람의 불쌍히 여기는 마음을 본받아 / 강도 만난 사람을 중심으로 생각과 태도와 삶의 방향전환을 이루어야 합니다.

2부 · 고난의 행렬

IMF 한파 후 고난당하는 이웃의 목소리

'파산은 인간의 권리입니다' 라는 글귀를 기억합니다

저는 전라도 소도시에서 태어나고 겨우 중학교만 졸업했습니다. 그리고 일찍부터 고향에서 철공소 사업을 시작했습니다. 주로 단독주택의 철제대문 또는 스테인레스 테라스 등을 제작, 설치하거나 시골 농가의 축사를 짓는 일을 했습니다. 제 사업은 규모는 보잘 것 없었지만 기술로 땀 흘리는 사업이었기에 열심히 일을 했습니다. 나름대로 '사장님' 소리를 들어가며 재미있게 사업을 유지할 수 있었습니다. 그러면서 다니던 교회의 집사님 소개로 예쁜 아내를 만나 결혼도 하고 슬하에 1남1녀를 두었습니다.

그러나 철공소 사업은 1997년 IMF 경제위기의 높은 파고에 휩쓸리면서 표류하였습니다. IMF 경제위기가 건설시장에 직격탄을 날렸기 때문입니다. 소규모 건설업자들소위 집장사 건축주 등이 하루아침에 망했습니다. 그 바람에 철공소 일감이 끊기고, 이미 해준 공사대금도 떼이는 일이 비일비재했습니다. 그렇게 힘든 시간들을 보내면서 함께 일하던 직원도 내보내고 혼자서 일을 하였습니다. 하지만 아무리 열심히 일을 해도 한번 기울어진 사업을 돌이킬 수 없었습니다. 가게 월세가 밀리는 등 극심한 경영난을 이기지 못하고 결국은 철공소를 폐업했습니다.

저는 사업을 하면서 사용해오던 여러 은행 신용카드의 많은 빚을 지게 되었습니다. 어렸을 때부터 철공소 일을 천직으로 여겨오던 저는 마음에 큰 상처를 입었습니다. 그 마음의 상처를 극복하지 못하고 마침내 정신병원에 입원 치료까지 받아야만 했습니다. 저는 고향 땅에서 정신과 치료까지 받아야하는 처지를 몹시 비관했습니다. 맨낯으로 고향 친지들과 교회 교우들을 대하는 것이 싫었습니다. 그래서 가족들을 데리고 아무런 연고가 없는 충청도로 이사를 왔습니다.

온 가족을 정신질환자로 만든 극심한 추심

아무런 여웃돈도 없이 무작정 충청도로 이사를 온 저희 가족은 월세방을 얻어 생활했습니다. 저는 아무런 연고도 없는 도시에서 건축일용노동을 하며 가족의 생계를 꾸렸습니다. 하지만 IMF 경제위기의 한파가 기승을 부리다 보니 건축 일용노동 벌이로는 가족의 생계를 책임질 수 없었습니다. 그래서 아내도 식당일, 파출부 일 등으로 생계를 도왔습니다.

그렇게 벌이가 시원찮다보니 이전의 카드 빚 등이 줄어들기는커녕 점점 늘어만 갔습니다. 그러면서 밤낯으로 카드빚독촉을 받게 되었고 월말이면 카드빚을 막느라 곤욕을 치르곤 했습니다. 그러는 중에 저의 정신질환 증세가 점점 더 깊어졌습니다. 마침내는 하루도 빠짐없이 정신과 치료를 받아야만 했습니다.

제가 정신질환 치료에 매달리는 동안 아내는 파출부, 식당 종업원, 우유판매원 등 닥치는 대로 일을 하며 홀로 가족의 생계를 책임졌습니다. 아내는 우유판매원으로 일하다가 강도를 만나는 등 크고 작은 사고를 겪었습니다. 그 일로 아내는 여러 일용 노동을 그만 두고 개량한복 짓는 일을 시작하였습니다.

그러는 와중에 저뿐만 아니라 아내마저도 빚쟁이에게 쫓기는 신세가 되었습니다. 저는 물론이고 아내도 늦은 밤에 빚쟁이들의 욕설과 협박전화에 시달리기 시작했습니다. 저와 아내는 빚독촉 전화를 피하게 되었고, 끝내 빚쟁이들은 집에까지 찾아와 행패를 부리기 시작했습니다. 저와 아내가 일을 하려고 밖에서 귀가하지 않은 시간에 어린 자녀들만 있는 집에 빚쟁이들이 들이닥쳐 진을 치곤했습니다. 그 바람에 아이들마저 공포와 두려움에 떨곤 했습니다.

갚아도 늘어만 가는 고리대금 채권

저 대신 가족의 생계를 도맡아 꾸리면서 고생하는 아내에게 언제나 미안하고 죄스러울 뿐이었습니다. 저는 어느 정도 몸과 마음을 추스르고 다시 일용노동을 시작했습니다. 하루벌이 일용노동으로 적은 돈이지만 가족의 생계를 보태면서 가계에 숨통이 트였습니다. 저는 나름대로 열심히 일을 했고, 어느 정도나마 아내의 수고를 덜어줄 수 있었습니다.

그러는 사이 아내는 도심 변두리에 방 2개가 딸린 조그만 가게를 얻어 개량한복집을 시작하였습니다. 저는 아내의 심부름을 다니는 등 아내를 도우며 함께 한복가게를 운영했습니다. 그리고 틈틈이 건축일용 노동도 했습니다.

그러나 저는 다시 정신질환이 심해져 병원치료를 받아야 했고, 끝내는 정신병원에 입퇴원을 반복해야 하는 처지가 되었습니다. 그후로는 정신병원과 시골 고향을 오가면서 마음의 안정을 찾으려고 노력할 뿐 아무런 소득활동을 하지 못했습니다.

아내는 열심히 개량한복 짓는 일을 했지만 가게가 작고 외진 곳에 있었던 터라 일하는 만큼 소득이 오르지 않았습니다. 더구나 아이들이 커가면서 생활비도 더 많이 들어갔고 저의 정신질환 치료비 지출도 계속 되었습

니다. 그러다보니 종종 월세가 밀리는 등 가게 운영에 어려움이 많았습니
다. 한편, 저의 정신질환은 과대망상증 및 정신분열증으로 점점 더 깊어져
만 갔습니다.

이렇게 제가 아무런 돈벌이도 할 수 없는 상황에서 아내는 이리저리 저
축은행이나 대부업체에서 대출을 받아 기존 채무를 갚는 등 부채 돌려막기
에 골몰했습니다. 아내는 새 빚을 얻어 묵은 빚을 갚고, 가게도 운영하며,
모자라는 생활비도 충당해야 했습니다. 그러면서 저 역시 아내의 대출에
보증을 서기도 하고 제 명의로 대부업체 대출을 받기도 했습니다.

그러나 저축은행이나 대부업체의 대출은 이자가 높고 밀린 이자에 이자
가 붙는 터라, 빚은 순식간에 눈덩이처럼 늘어났습니다. 나중에는 이자를
갚기에도 힘이 겨운 상황이 되고 말았습니다. 그러는 사이에 저와 아내 모
두 여러 개의 신용카드를 발급받아 사용하게 되었습니다. 신용카드로 병
원비를 충당하거나 종종 돌아오는 대출금 상환과 이자 지급을 위하여 카
드 돌려막기도 했습니다.

그런 와중에 아내마저 심한 우울증과 불안증을 앓게 되었고 병원에 실
려 가는 일도 종종 벌어졌습니다. 하지만 아내는 개량한복 가게를 그만 둘
수도 없었습니다. 저희 온 가족의 생계가 아내의 한복가게에 걸려 있었기
때문입니다. 아내는 줄곧 신경안정제를 맞아야 겨우 일을 하는 처지가 되
었습니다. 그러다가 아내마저도 저와 같은 정신질환자가 되고 말았습니
다. 아내는 2008년 무렵에 이르러 개량한복 가게를 정리했습니다.

개인파산면책은 인간의 마지막 권리

이후, 저와 아내는 3급 정신장애인이 되었고 수급자로 지정되어 생계를
꾸리고 있습니다. 그동안 딸은 저소득계층 장학금과 학자금 대출 등에 의
지하여 대학을 졸업했지만, 2600여만원이 넘는 학자금대출을 지고 있습니

다. 하지만 아직 제 앞가림도 못한 채 일용 아르바이트를 전전하고 있습니다. 딸은 공무원시험을 준비한다고 애를 쓰고 있으나 그 미래를 장담할 수 없는 노릇입니다. 아들도 대학 재학 중에 군에 다녀와 다시 복학을 했는데 적지 않은 학자금대출이 있습니다.

이렇게 자녀들마저도 제각각 학자금 대출이 있으니 앞으로 돈을 버는 족족 자신들의 채무상환에 사용해야만 할 것입니다. 앞으로 십수 년 간 자신들의 채무를 변제하느라 부모를 돌볼 겨를이 없을 것입니다. 무엇보다도 당장의 걱정은 아들이 대학을 졸업하고 돈벌이에 나서게 되면, 저희 부부는 기초생활보장 수급자에서마저 탈락되고 말 것이라는 사실입니다. 그것은 정말 생각하기도 싫은 끔찍한 상황입니다.

요즈음 아내는 이런저런 생각 끝에 여기저기서 조금씩 한복 일감을 가져오는 모양입니다. 그러나 지금도 빚독촉을 당할 때마다 심각한 정신발작을 일으키곤 합니다. 저나 아내나 이 빚 문제를 해결하지 않으면 아무것도 할 수 없는 상황입니다.

그렇게 저희 부부는 오늘과 내일의 아무런 희망도 찾을 수 없는 상황에서, 〈새벽〉의 파산면책 무료상담 이야기를 듣게 되었습니다. 이야기를 듣자마자, 아내는 곧바로 〈새벽〉상담센터를 찾아갔습니다. 그리고 저와 아내는 〈새벽〉의 도움을 받아 개인파산면책을 신청할 수 있었습니다. 지금도 저는 〈새벽〉 무료상담 홍보 전단지에 큰 글자로 박혀 있었던 "파산은 인간의 권리입니다"라는 글귀를 기억합니다.

우리도 한번 잘살아 보세

저는 충청북도 보은군 시골에서 가난한 농부의 6남매 중 셋째로 태어났습니다. 그러나 농사지을 땅이 없었던 부모님은 제가 어렸을 때 대전으로 이주를 하시고 일용노동으로 생계를 꾸리셨습니다. 저는 가정형편이 너무 어려워 초등학교만 졸업하였습니다. 이후 건설현장에서 목수일, 전기일 등 온갖 분야의 일을 배우며 생활했습니다.

그러던 중 아는 분의 소개로 배우자를 만나 가정을 꾸렸습니다. 저에게 배우자를 소개한 분은 교회 집사님이었고, 배우자 역시 독실한 기독교인이었습니다. 그러면서 저 역시 아내의 권유로 자연스럽게 기독교인이 되었습니다.

아무것도 가진 것이 없었던 저희 부부는 결혼식도 올리지 못한 채 월세방에서 신혼살림을 시작해야 했습니다. 저희 부부는 슬하에 2남 1녀의 자녀를 두었고 아이들이 다 큰 후에야 뒤늦게 결혼식을 올릴 수 있었습니다. 저희 부부는 가난한 가운데에서도 서로 아껴주면서 행복하게 살았습니다.

우리도 한번 잘살아 보세

저는 한평생 건축노동현장에 온갖 노동일 하면서 1990년경 겨우겨우

다가구 지하주택을 하나 마련할 수 있었습니다. 아이들이 커가고 집이 너무 작고 불편해져서 조금 더 큰 집을 알아보았습니다. 그러면서 농협에서 2000만원을 대출받아서 3800만원에 빌라 한 채를 구입하였습니다.

1994년 무렵, 집수리를 전문으로 하는 작은 사무실을 열고 사업을 시작했습니다. 저는 전기, 보일러, 목수, 미장 등 여러 건축분야 일에 능숙해 집수리업을 하는데 전혀 문제가 없었습니다. 저는 일머리도 잘 아는데다가 일거리도 끊이지 않았습니다. 집수리 사업은 처음부터 호황이었습니다. '진작부터 내 사업을 시작했어야 했는데' 하고 후회하기까지 했습니다. 한마디로 '우리도 한번 잘살아보세'였습니다.

그러나 저의 집수리 사업의 호황은 잠시뿐이었습니다. 1997년 느닷없는 IMF 외환위기가 들이 닥치면서 건설 경기도 폭삭 주저앉았습니다. 일거리가 줄어드는 정도가 아니라 아예 없었습니다. 어렵사리 일을 맡아 죽어라 일을 해도 공사수주 단가가 너무 낮아서 수지타산이 맞지 않았습니다. 공사 자재비와 일꾼들 품삯을 계산하고 나면 저에게 돌아오는 몫은 아예 없거나 잘못하면 손해를 보기 일쑤였습니다. 일을 하면 할수록 심각한 자금난에 시달려야 했습니다. 그렇다고 이대로 주저앉을 수는 없어서 울며 겨자먹기로 사업을 계속해야 했습니다. 하지만, 그러한 저의 노력과 기대도 잠깐이었고 저는 2002년 무렵 사업을 정리해야만 했습니다.

빚으로 빚을 늘리는 악순환

저는 집수리 사업을 접고 다른 직종의 일자리를 찾아보았습니다. 하지만 IMF 경제한파 속에서 학벌도 없고, 나이도 많다보니 다른 직종에 취업을 할 수가 없었습니다. 저는 다시 건축노동 현장에서 일용노동일을 시작했습니다. 그런데 그 무렵에 저는 다른 이들도 그랬듯이 길거리 아무데서나 발급해 주던 신용카드를 발급받아 사용하기 시작했습니다.

저는 건축현장에서 일용노동을 하는 중에도 끊임없이 재기를 위해 노력했습니다. 그리고 2005년 가을 무렵, 다시 '내 사업'을 시작했습니다. 이번에는 집수리만으로는 살아남기가 힘들겠다고 여겨 보일러 설비에 중점을 두기로 했습니다. 그렇게 재 창업을 하면서 일만 있으면 물불을 가리지 않고 열심히 일을 했습니다. 그러다보니 저의 재기를 인정해 주는 사람들이 하나 둘 생기게 되었습니다. 하지만, 들쑥날쑥한 수입으로 가정경제 형편은 별로 나아지지 않았습니다. 그런데다가 아이들이 커가고, 지출이 늘다보니, 신용카드 사용 횟수도 점점 더 늘어났습니다. 월말이면 카드대금을 막고, 대출금 이자를 내느라 곤욕을 치렀습니다.

그러던 2009년 무렵 정부에서는 여러가지 소상공인 지원프로그램을 운용했습니다. 저도 소상공인 지원프로그램을 통하여 농협에서 싼 이자로 500만원을 대출받았습니다. 그 돈으로 작업공구도 사고, 밀린 카드대금과 월세를 내는 등 유용하게 사용했습니다. 우선 이자만 내고 원금은 나중에 갚아도 되니까, 목돈이 들어오면 그때 갚아도 되겠지 하고 쉽게 생각했던 것 같습니다.

그런데 2011년, 저에게 '메니에르'라는 희귀한 질병이 찾아왔습니다. 갑자기 어지럼증이 일어나서 아무 일도 할 수 없는 상황이 반복되었습니다. 평소에 건강에는 자신이 있었는데, 갑자기 생긴 어지럼증은 쉽게 치료가 되지 않았습니다. 그러다 보니 건강했던 저에게 불면증에다 우울증까지 찾아와 병행치료를 받아야만 했습니다. 2012년 3월에 이르러서는 수술까지 받았지만 차도가 보이질 않았습니다. 도리어 시력과 청력까지 나빠지기 시작했습니다.

제가 제대로 일을 할 수 없는 상황에서 가게 월세며 거래처 물품대금과 병원비 등이 쌓이기 시작했습니다. 밀린 신용카드 대금을 이러저리 돌려막기 하는 동안 점점 더 빚이 늘어나고 말았습니다. 앞날이 캄캄한 가운데 신장을 팔아서 빚을 갚았다는 소문을 들었습니다. 저는 정말 그렇게라도 해서 빚을 청산하고 사업을 계속 이어나갈 수 있었으면 좋겠다고 생각했습니다. 저는 고민고민하다가 신장매매 브로커를 찾았습니다. 하지만 서울 모 병원에서 브로커에게 병원 검사비용 명목으로 돈만 뜯기고 말았습니다.

2013년 들어, 사업실적은 지지부진한 가운데 여러 카드빚 채권자들에게 극심한 빚독촉을 당했습니다. 저는 여러 채권자들 중 한 두 군데만 남기면 빚이 줄어들까 싶어, 대부업체 돈을 빌려 빚을 갚기로 했습니다. 어떻게 대부업체에서 돈을 빌리는지 알지 못해서 대출알선 브로커의 도움을 받았습니다. 처음에는 여러 군데 대부업체에서 소액대출을 받았는데, 브로커는 3개월 후에 통합해서 이자가 싼 대출을 알선해 주겠다고 했습니다. 그러나 이후, 브로커는 소식을 끊고 연락도 되지 않았습니다. 한편, 비싼 이자로 대부업체의 빚을 얻어 다른 빚을 갚는 꼴이 되다보니 도리어 빚만 더 늘어나게 되었습니다. 원금은 고사하고 이자도 제때 내지 못했습니다. 마침내 저희 네 식구가 오랫동안 몸 부대끼며 살아왔던 집도 경매로 처분되고 말았습니다. 졸지에 저희 가족은 갈 곳이 없어 길거리에 나앉게 되었습니다. 그때 천사처럼 도움의 손길을 내밀어 주신 분은 저희 가족이 다니던 교회 목사님이었습니다. 목사님은 저희 가족이 살아갈 수 있도록 보증금 500만원에 월세 35만원 집을 소개해 주셨습니다.

헤어날 길 없는 고난의 날들

2013년 여름, 무릎통증이 심해서 병원을 찾았는데 무릎연골이 파열되어 수술을 해야 한다고 했습니다. 한꺼번에 여러 질환이 찾아와 너무나도 속상한 가운데 저는 또다시 수술을 해야 했습니다. 그리고 그 후유증으로 지금까지 목발을 짚고 다닙니다. 그런데다가 올해 초 5급 청각장애인 진단을 받았습니다. 한꺼번에 몰아닥친 여러 질병으로 저는 평생을 해오던 집수리 사업을 폐업할 수밖에 없었습니다.

　이제, 저는 모든 노동력을 상실한 채, 감당할 수 없는 채무독촉에 시달리는 처지가 되었습니다. 날이면 날마다 독촉전화에 시달리고, 채권자들이 집으로 찾아와 견디기가 힘들었습니다. 아무런 대책도 없이 앞날이 캄캄하기만 한 상황에서, 고민 끝에 파산면책을 신청했습니다. 그리고 다행히도 법원의 파산면책 결정을 받았습니다.

저희 가족에게 희망이 있을까요?

　현재, 저는 노동력을 상실한 채 아무런 소득활동도 하지 못하고 있습니다. 저의 건강상태로 보아 앞으로도 소득활동을 하기가 불가능합니다. 저희 네 식구는 아내가 식당일을 하며 버는 소득 150여만 원으로 근근이 살아가고 있습니다. 다행히도 저희 가족은 2013년 가을부터 수급자로 지정되어 적은 금액의 수급비와 의료 및 교육급여를 받고 있습니다.

　또한, 제 명의로 오래도록 유지해온 건강보험 하나를 여동생이 인수해서 보험금을 내주고 있습니다. 앞으로 저의 건강이 얼마나 더 악화될지 모른다며 여동생이 보험료를 대신 내주기로 했습니다. 제가 몸이 더 아파서 반신불수라도 되면 형제들에게 더 큰 부담이 올까 걱정을 하는 것 같습니다.

　현재, 저의 자녀들 중 큰아들은 대학에 재학 중입니다. 일부 저소득계층 장학금과 일부 학자금 융자를 받아 학업을 계속하고 있습니다. 막내아들은 아직 고등학생입니다. 딸아이는 고등학교를 졸업한 후 객지에 나가 삽니다. 아직은 정식 직장을 잡지 못하고 아르바이트를 하며 살길을 찾아 나가고 있습니다. 딸아이는 핸드폰 대리점 등에서 알바로 일하는 것 같은데 객지에서 겨우 자기 밥벌이를 하는 형편입니다.

　이제, 저의 앞날은 어떻게 될까요? 저희 가족의 앞날에는 희망이 있을까요? 물론, 저는 오늘도 자녀들의 건강하고 행복한 미래를 소망하며 기도합니다. 하지만 부모가 되어 자녀들의 미래를 위해 아무런 도움도 되지 못하는 처지가 한탄스럽습니다. 부디, 우리 사회가 경제적 활력을 되찾고 젊은 이들이 자신에게 맞는 일자리를 찾아 마음껏 일할 수 있는 사회가 되기를 기도합니다.

노동자에서 사장님으로, 그리고 파산자로

저는 경기도에 있는 중소도시에서 평범한 가정의 3남 1녀 중 막내로 태어났습니다. 어린 시절 기억으로는 가정경제에 별 어려움이 없었던 같습니다. 하지만, 중학생 무렵 아버지가 돌아가시고 가정경제가 기울었습니다. 저는 홀어머니 밑에서 어렵게 생활하며 고학으로 공고를 졸업했습니다.

고등학교를 졸업한 후에 2년여 동안 직장생활을 했습니다. 그러다가 더 배워야 한다는 생각에 서울 소재 공과대학에 입학을 했습니다. 이후에 경제형편이 어려워 대학을 휴학하고 다시 직장생활을 시작했습니다.

저는 직장생활 중에 직장동료의 소개로 배우자를 만나 결혼을 전제로 교제를 시작했습니다. 그러면서도 공부에 대한 미련을 떨치지 못했습니다. 배우자는 저의 이러한 속내를 알아채고 학업을 계속하라고 용기를 주었습니다. 저는 좀처럼 나아지지 않는 경제상황에 고민도 많았지만 학업을 계속하기 위해 회사를 퇴사했습니다. 학비는 아르바이트 및 장학금으로 충당하며 학업을 계속해나갔습니다.

그러다가 배우자의 혼기가 늦다는 장인어른 권유로 대학을 졸업하기도 전에 결혼을 했습니다. 그리고 집안 형편이 어려운 상황에서도 큰 형님과 어머님이 저의 결혼비용을 일부 마련해 주셨습니다.

그렇게 저희 부부는 보증금 1,000만원에 월세 20만원의 단칸방에서 신혼살림을 시작했습니다. 저는 곧이어 대학을 마쳤고 좋은 직장에 취업을 했습니다. 이어서 1990년대 초에는 연이어 첫째·둘째 아들을 얻었습니다. 그 무렵 저는 나름 행복한 가정생활을 꾸릴 수 있었습니다.

노동자에서 사장님으로?

그러나 1997년 1월, IMF경제 한파는 저를 고난의 행렬로 내몰았습니다. 1998년 말 저는 구조조정으로 다니던 직장에서 쫓겨났습니다. 퇴직 후 1년여 동안, 아무런 일자리도 구하지 못한 채 백수생활을 했습니다. 나름 10년여 넘게 IT기업에서 근무한 경력자임에도 마땅히 갈 곳이 없었습니다.

그러면서 궁리해낸 것이 무점포 소자본으로 할 수 있었던 쌀장사였습니다. 저는 점포도 없이 승용차로 쌀 도매상에서 10여 포대씩 쌀을 구매해서 전단지를 돌리며 쌀 배달영업을 시작했습니다. 그렇게 열심히 노력하는 중에 배달량도 점점 늘어났습니다. 쌀 구매처를 경기도 화성 쌀, 충청도 쌀, 전라도 김제 쌀, 부안 쌀 등으로 확대했습니다. 더해서 여러 가지 잡곡들도 함께 취급하기 시작했습니다.

하지만, 저는 이미 백수생활로 대부분의 여윳돈을 소진하고 현금이 거의 없는 상황이었습니다. 할 수 없이 LG카드, 신한카드 등 카드 현금서비스를 받아 늘어나는 거래자금을 마련해야 했습니다. 이 무렵 저는 주택BC, 한미은행 비자카드, 현대카드 등 더 많은 카드를 발급받아 사용하기 시작했습니다.

이렇게 무점포로 1년여 간 쌀장사를 했습니다. 그러는 중에 개인사업자 등록과 매장이 필요해졌습니다. 저는 소상공인 대출 1,000만원을 받아 가게를 내고 본격적인 쌀 도소매장사를 시작했습니다. 열심히 쌀장사를 했고, 매출이 늘어나면서 덩달아 매년 카드 신용한도도 높아졌습니다. 현금 없이도 사업을 확대하는 데 별 어려움이 없었습니다. 2000년 초반부터는 매장 일손이 필요하게 되었습니다. 시골에 계시는 큰 형님을 불러 올려 매장관리를 맡기고 함께 장사를 했습니다. 여러 곳의 농촌 정미소와 관계를 트고 산지와 직거래를 할 수 있게 되었습니다.

산지 쌀 거래가 600~800 포대1포-20㎏로 늘어나면서 거래자금도 매회 현금 1,800만 원 이상 소요되었습니다. 그럴 때마다 부족한 현금수요를 신용카드 현금서비스를 받아 충당했습니다. 그러면서도 단 한 번의 연체도 없이 원활하게 자금 운용을 할 수 있었습니다. 이후 현금 흐름이 안정되고 원활하게 되면서부터는 신용카드 사용을 점차 줄이고 현금 거래로 대체해 나가기도 했습니다.

저는 뜻밖의 쌀장사로 돈도 벌고 '사장님' 소리도 들었습니다. 그러면서 여름·겨울방학 때마다 지역 여러 곳의 초등학교 결식아동 가정 수백 곳에 쌀을 후원하기도 했습니다. 그렇게 쌀장사 규모가 커지면서 더 많은 일손이 필요했고 저는 작은 형마저 불러 올려 큰 형과 함께 매장관리 및 배달을 하게 했습니다.

그러나 쌀장사는 얼마가지 못해 위기를 맞았습니다. 2003년 무렵, 저의 영업지역 안에 홈플러스, 이마트 등 대기업 마트가 연이어 개점하였습니다. 하루가 다르게 매출이 줄었고, 그에 따라 점점 더 자금 압박을 받았습니다. 그러면서 다시 현금으로 구입하는 쌀 거래량을 줄이게 되었고, 신용카드 구매량이 점차 증가하였습니다.

대형마트의 저가 판매 공세로 저의 쌀가게의 가격경쟁력이 급속히 떨어졌습니다. 그러면서 평소에 저의 가게에서 쌀을 구매해 가던 소매 거래처가 하나 둘 떨어져 나갔습니다. 그 후, 저는 더 크게 자금압박을 받았고 급기야는 두 형님의 급여를 제대로 줄 수 없는 상황에까지 이르렀습니다. 할

수 없이 두 형님을 시골로 내려 보낸 후 혼자서 매장을 관리하며 쌀 배달을
했습니다. 나름대로 이 위기를 타개해보려고 열심히 노력했으나 산지 정미
소에 외상 대금만 쌓여 갔습니다.

빚이 빚은 가정 파탄

그렇게 쌀장사가 어려워지고 수입이 줄어들면서 가정경제가 힘들어졌
습니다. 경제문제로 아내와의 다툼이 생겨났고 대화도 단절되었습니다. 그
무렵 아내는 우울증을 심하게 앓고 계시던 장모님을 집 근처에 방을 얻어
모시고 있었습니다. 어느 때부터인가 아내는 장모님을 간호한다는 핑계로
집안 일을 소홀히 했습니다. 그러면서 저와 아내는 더더욱 불편한 나날을
보내야 했습니다.

쌀장사가 어려워지면서 쌀 외의 취급할 만한 상품들을 찾았습니다. 저
는 정육점을 운영하던 지인으로부터 족발을 공급받아 부대사업으로 배달
업을 시작했습니다. 박리다매 형식으로 시중에 판매하는 족발보다 싸게
판매했습니다. 그러다보니 하루저녁 주문량이 20~25개가 되었습니다. 하
루저녁 이익금이 꽤 되었고 부족한 쌀장사 수입을 대체하는 큰 효과를 보
았습니다. 열심히 노력하는 모습을 아내와 두 아들이 지켜보고 있다는 생
각에 부족한 잠을 뒤로 하고 더욱 열심히 일을 했습니다.

그러나 쌀장사는 나아지지 않았습니다. 결국 2004년 무렵 궁여지책으
로 매장을 폐쇄하고 돌려받은 임차보증금 1000만원으로 일부 카드대금을
상환했습니다. 이후 예전처럼 거주지 방 한 칸에 쌀을 쌓아 놓고 배달 판매
를 했습니다. 저녁 이후에는 족발 장사를 했습니다. 또한 집주인에게 경제
적인 어려움을 말하고 전세 2,000만원을 보증금 1,000만원에 월세 20만원
으로 전환했습니다. 돌려받은 1,000만원은 모두 카드대금 결제에 사용했
습니다. 하지만 한번 쌓이기 시작한 채무는 갚아도 줄지 않고 늘어만 갔습

니다. 이러한 과정에서 저와 아내는 가정경제 문제로 심한 다툼을 벌였습니다.

어느 날, 저는 여느 때와 다름없이 새벽 2시가 넘도록 족발을 배달했습니다. 그런데 아내는 한낮에 나가서 들어오지 않다가 친구와 사우나 간다는 전화를 했습니다. 저는 마음이 언짢았지만 제가 제대로 못해 주니까 쉬다 오라고 했습니다. 이후로 아내는 번번이 사우나 외박을 했고, 아침 늦게 들어오는 날도 많았습니다. 저는 일일이 아내와 따지고 시비하기가 싫어 모른채 했습니다. 그렇게 저와 아내의 관계가 멀어질 무렵 아내는 저에게 이혼을 요구했습니다.

저는 아내의 이혼 요구를 받고 머리가 멍하고 무언가 크게 얻어맞은 기분으로 아무것도 할 수가 없었습니다. 지금까지 열심히 일을 해왔고, 재기의 열망이 식지도 않았습니다. 미래가 아주 절망적이지도 않는 상황에서 아내의 이혼 요구는 터무니없었습니다. 저는 아내의 이혼 요구에 며칠을 고민하면서 혹여 아내가 다른 속내를 가지고 있지 않나 의심이 되기도 했습니다.

그렇게 날이 지나면서 아내의 터무니없는 이혼 요청에 화가 나기 시작했습니다. 아내는 이혼에 대한 생각이 확고했고 끝내 생각을 굽히지 않았습니다. 저는 더 이상 아무것도 할 수가 없었습니다. 아내가 저의 가슴에 비수를 꽂았다는 배신감으로 몸과 마음이 황폐해졌습니다. 그때부터 저는 집을 나와 홀로 지내며 모든 삶을 포기하기에 이르렀습니다. 그리고 2000년대 중반 두 아들에 대한 양육권 포기와 함께 아내와 합의 이혼을 했습니다. 쌀장사도 폐업신고를 했고, 모든 삶의 의미들을 다 포기한 채 방황하는 삶을 살았습니다.

사장님에서 파산자로

이후 저는 술로 허송세월을 보냈습니다. 가슴이 미어터질 것 같은 분노와 좌절감에 방황하기 시작하여 맨몸으로 발길이 닿는 대로 떠돌아 다녔습니다. 어느덧 저는 걸인이 되고 노숙자가 되었습니다. 어느 때는 공원이나 폐가에서 숙식을 하고, 또 추운 날은 빌딩 내 지하주차장이나 역 대합실, 공원 화장실 등에서 잠을 잤습니다.

2008년 겨울에는 추위에 벌벌 떨며 노숙생활을 하다가 신체가 훼손되었는지, 인대가 파열된 건지, 오른팔이 마비된 채로 몇 개월을 살았습니다. 저는 더 이상 견딜 수가 없어서 거지행색을 하고 시골 본가를 찾아갔습니다. 칠순을 훨씬 넘기신 어머니께서 저를 보시고 통곡을 하시며 "살아와줘서 고맙다"며 저를 감싸주셨습니다. 형님들도 이럴 수는 없다며 저를 반겨주셨습니다.

이후 저는 형님 집에서 기거하며 기력을 차리기 위해 노력했습니다. 하지만, 2011년경에는 다시 오른팔과 손목에 마비가 오면서 3개월이 넘도록 수저조차 못들 정도가 되었습니다. 저는 이미 주민등록이 말소되었고 의료보험도 상실된 상황이라서 병원에는 갈 엄두도 못 냈습니다. 파스를 붙이고 시간이 흐르길 바랄 수밖에 없었습니다.

저는 나만의 집착에 빠져 너무도 오랜 세월을 노숙자로 보내며 한없이 덧없는 삶을 살아 왔구나 자책했습니다. 그래서 2012년 겨울, 주민등록을 살리고 건강보험을 회복한 후 병원진료를 받기 시작했습니다. 병원에서는 저에게 목 디스크로 인한 어깨부분 근막통증증후군이라는 질환 판정을 내렸습니다.

그렇게 저는 노동능력을 상실한 채 아무런 소득원 없이 살아야 했습니다. 형님 집에 얹혀 살면서 친지들이 주는 용돈으로 하루하루를 살았습니다. 당장은 마땅한 일자리를 찾을 수 없었습니다. 저의 건강상태와 신용불량자 처지에서는 아무것도 할 수 없는 상황이었습니다.

무엇보다도 급한 것은 감당할 수 없는 채무에서 벗어나는 길을 찾는 것
이었습니다. 어떻게든 새로운 삶을 개척할 수 있는 기회가 주어지기를 바
랄 뿐이었습니다. 그러다가 〈새벽〉이라는 개인파산면책 무료상담 기관을
알게 되었습니다. 그리고 〈새벽〉을 통하여 법원에 개인파산면책을 신청할
수 있었습니다.

만약 제가 파산면책을 받아 채무의 늪에서 벗어난다면 어떤 일이라도
최선을 다하겠습니다. 다시 사회와 이웃에 도움이 되는 사람으로 거듭나
고 싶습니다.

개인파산면책은 인간의 권리이다

　사람들은 지금처럼 개인파산면책이 늘어나면 금융자본은행, 카드사 등 채권자이 무지막지한 손해를 보고 망하게 될 것이라고 염려합니다. 그렇게 되면 또다시 금융 위기를 겪게 될 것이고, 서민생활경제에도 큰 어려움이 닥치게 될 것이라고 지레 짐작합니다.

　그러나 그것은 지나친 기우이거나, 개인파산면책 제도를 폄훼하려는 금융자본 권력의 음모일 뿐입니다. 지금까지의 우리가 경험해온 대부분의 금융위기는 개인채무자의 파산이 그 원인이 아니라, 금융자본 자체의 탐욕이 원인입니다. 1997년 우리나라의 IMF 외환위기, 2008년 미국의 월가의 탐욕으로 인한 세계금융위기 등이 그러한 사실을 생생하게 증언합니다. 사실 이러한 사실들은 일일이 논거할 필요조차도 없이 명백한 것입니다.

　더 나아가 한국의 부실 은행들과 부실 재벌들은 IMF 경제위기 때 정부에서 지원해준 168조원을 눈살한번 찌푸리지 않고 꿀꺽했습니다. 그리고도 은행과 재벌기업들은 온 나라에 부동산 투기 광풍을 부추기고 금융대박 신화를 조장하며 이를 기화로 초과이득을 챙겨왔습니다. 지금에 이르러서는 투기금융자본과 투기 부동산개발 자본들이 국민의 세금으로 부동산 시장을 부양하라고 정부를 겁박하고 있습니다.

　한편 정부와 정치권, 재계와 언론, 법원 등 투기금융자본을 지지하는 세력들은 개인채무자들의 도덕적 해이를 논거로 삼아 개인파산면책 제도를 헐뜯고 있습니다. 하지만 도덕적 해이를 일삼는 부류는 오히려 투기금융자본들이거나 정부당국입니다. 정부당국은 경제를 부양한다는 이유로 무분별하게 신용카드를 남발하는 정책을 사용했고, 침체된 부동산 시장을 활성화하기 위해 온갖 금융규제를 완화했습니다. 투기금융자본들도 아예 신용이 없는 사람에게조차 고리로 돈을 빌려주었습니다. 카드사용 한도를 늘려주었고 카드깡을 해도 모른 체했습니다. 나아가 채무자가 빚을 못 갚으면 채무자의 온 가족을 불러내 보증인으로 내세우고 대환대출을 받으라고 강요했습니다. 그리고 끝내는 불법 사채까지 얻어서 빚을 갚도록 압박해 왔습니다.

한번 셈을 해 보십시오. 이자가 복리로 붙을 경우 월 이자가 2%이면 35개월 만에 빚이 두 배로 늘어납니다. 3% 일 경우에는 24개월이 걸리고, 5%일 경우에는 15개월 밖에 걸리지 않습니다. 이처럼 투기금융자본들이 개인 채무자를 압박해서 빚 돌려막기에 나서도록 강요하는 것은 채무자의 위급한 신용위기 해소를 위한 것이 아닙니다. 오히려 금융자본들은행, 카드사, 사채업자 등등은 개인채무자에게 시한폭탄을 지우고 뺑뺑이 돌리는 것으로 폭리를 취하고 있습니다.

이렇게, 신자유주의 경제의 유일무이한 권력인 투기금융자본들의 약탈적 대출행태는 사회·경제위기의 일상화와 빈곤의 악순환을 불러올 뿐입니다. 그러므로 이들은 감히 채무자의 도덕적 해이를 운운하며 개인파산면책 제도를 폄훼할 자격이 없습니다. 그동안, 온갖 위기 때마다 수십 수백조원의 국민혈세를 수혈 받아 생존해온 금융자본들이 법으로 보장된 개인파산면책을 헐뜯는 것이 말이 되는가요?

경제는 상호작용입니다. 가난한 이들이 빚을 지게 된 것이 죄라면 부자들의 재산은 장물에 다름 아닙니다. 나아가 400만 명에 이르는 투기금융자본의 피해자들이 도둑이라면 정부당국은 마땅히 그들의 편에 서야만 합니다. 따라서 한계상황에 처한 400여만 투기금융자본 피해자들이 개인파산면책을 통하여 빚을 탕감 받는 것은 마땅한 인간의 권리입니다. 나아가 개인파산면책은 투기금융 자본경제의 온갖 폐해를 치유하는 첫 걸음입니다. 감당할 수 없는 빚더미에 치여 고통당하는 빈곤층이 새로운 삶으로 나아갈 수 있는 유일한 출구인 것입니다.

이처럼 개인파산면책이 인간의 권리일 수밖에 없는 또 다른 이유는 우리 사회에 난무하고 있는 불법 채권추심 행태 때문입니다. 일반적으로 채권추심은 우편물이나 통신수단을 이용합니다. 그런데 우편물의 내용이 법적 조치 운운하며 채무자를 협박하는 내용이 대부분입니다. 전화통화도 빈정거림, 욕설 등 반인권적 행태가 난무합니다. 또한 채무 사실을 가족을 비롯한 제 3자에게 알리는 경우도 다반사입니다. 나아가 공포심과 두려움을 조장하기 위한 폭력적인 채권추심도 심심찮게 벌어지고 있습니다.

실제로, 채권추심 기관원들이 채무자를 찾아와서 다른 이들이 보는 앞에서 욕설, 멱살을 잡는 행위, 때릴 듯이 겁을 주는 행위, 얼굴에 침을 뱉는 행위, 문신이나 흉터를 보여주는 행위 등 온갖 폭력행위들을 일삼고 있습니다. 또한 "돈을 갚지 않으면 고소하겠다"거나, 미리 작성된 고소장을 보여주면서 "돈을 갚지 않으면 접수시키겠다"라며 채무자가 공포심을 느끼도록 협박합니다. 심지어는 야간에 여럿이 몰려와서 흉기를 내두르며 폭력을 행사하기도 합니다. 이처럼 채무자들은 감당할 수 없는 빚더미의 고통뿐만 아니라, 온갖 불법추심으로 인해 이중, 삼중의 고통 속에 살아가고 있습니다. 따라서 기본적인 인권을 무시한 이러한 불법 채권추심은 채무자의 삶의 의지마저 상실하게 할 뿐만 아니라, 극단적인 선택을 하게하는 상황까지 몰아가고 있습니다.

이와 같은 불법추심과 관련하여 우리 사회는 자살 방조사회라고 말할 수 있습니다. 실례로 자살은 1994년 우리 사회 사망원인의 9위를 차지했었습니다. 그러던 것이 2004년 450만 신용불량자 시절부터 지금까지, 자살은

줄곧 우리 사회 사망원인의 최상위를 차지하고 있습니다. 급기야 2013년에 이르러는 14,427년 명이 자살로 생을 마감했는데 이는 하루 평균 40명 꼴입니다. 이로써 우리나라의 자살률은 인구10만 명당 28.5명으로 OECD 평균의 2.4배에 이르고 있습니다.

이러한 자살통계의 주요 시사점은 빈곤과 채무로 인한 자살이 늘어가고 있다는 점입니다. 실제로 2008년부터 빈곤계층과 노인계층의 자살 수치가 늘어나기 시작했고, 2009년에 이르러는 자영업자들의 자살수치가 늘어나고 있다고 합니다. 특별히 한 가족의 생계를 책임진 30-50대 가장들의 자살이 급격하게 늘어나고 있습니다. 그러므로 현재의 투기금융 자본경제 상황에서, 빈곤과 채무로 인한 자살을 예방하는 최우선의 길은 "우리 사회가 개인파산면책을 인간의 권리로 인식하는 길" 뿐입니다.

한계 채무자들의 새로운 출발을 위하여

IMF 외환위기 이후 2005년에 이르러 지금까지 우리 사회의 양극화와 불평등 심화로 인해 빈곤층이 전체인구의 16.5%인 830만 명에 달하고 있습니다. 이중 700여만 명이 국민기초생활보장제도의 보호를 받지 못한 채 사각지대로 방치되어 있습니다. 2005년 이래 우리 사회의 소득 불평등도는 세계 1위 자리에서 내려올 줄을 모릅니다. 그러다보니 아예, 2007년부터는 통계청이 가계자산을 조사하고도 '자산 불평등'을 공표하지 않고 있습니다. 상·하 각 계층 20% 간의 격차가 60.8배에 이를 정도로 자산 불평등이 심각했기 때문입니다.

2007년 이후, 비정규직법 시행으로 비정규직이 날로 확산되고 있습니다. 현재에 이르러는 전체 노동자 중 900여만 여명이 비정규직 노동자로써 그 비율이 절반을 넘어섰습니다. 비정규직의 임금은 정규직의 절반수준이고 법정 최저임금 미달자도 약 200여만 명에 이르고 있습니다.

　일찍이 미국과 이웃나라 일본 등에서 개인파산면책 제도는 위와 같은 사회경제 위기상황에서 매우 긍정적인 역할을 수행해 왔습니다. 개인파산면책 제도가 신자유주의 시장사회의 무한경쟁, 무한독점, 무한소비의 폐해를 일정부분 치유하는 사회통합능력을 발휘해 온 것입니다.

　이 점에서 개인파산면책은 신자유주의 시장사회에서의 낙오자들에게 주어지는 패자부활전입니다. 나아가 새로운 출발을 통한 대안적 삶의 공동체를 지향할 수 있는 새로운 기회이기도 합니다. 개인파산·면책자들은 법적으로 모든 채무와 그로 인한 제재로부터 복권된 사람들입니다. 이들은 새로운 출발을 해야만 하고 또 그럴 수 있는 자격과 권리를 가지고 있습니다. 그럼에도 불구하고 우리 사회는 이들에게 10등 국민이라는 새로운 낙인을 찍어 이들의 새로운 출발을 가로막고 있습니다. 참을 안타깝기 짝이 없는 일입니다.

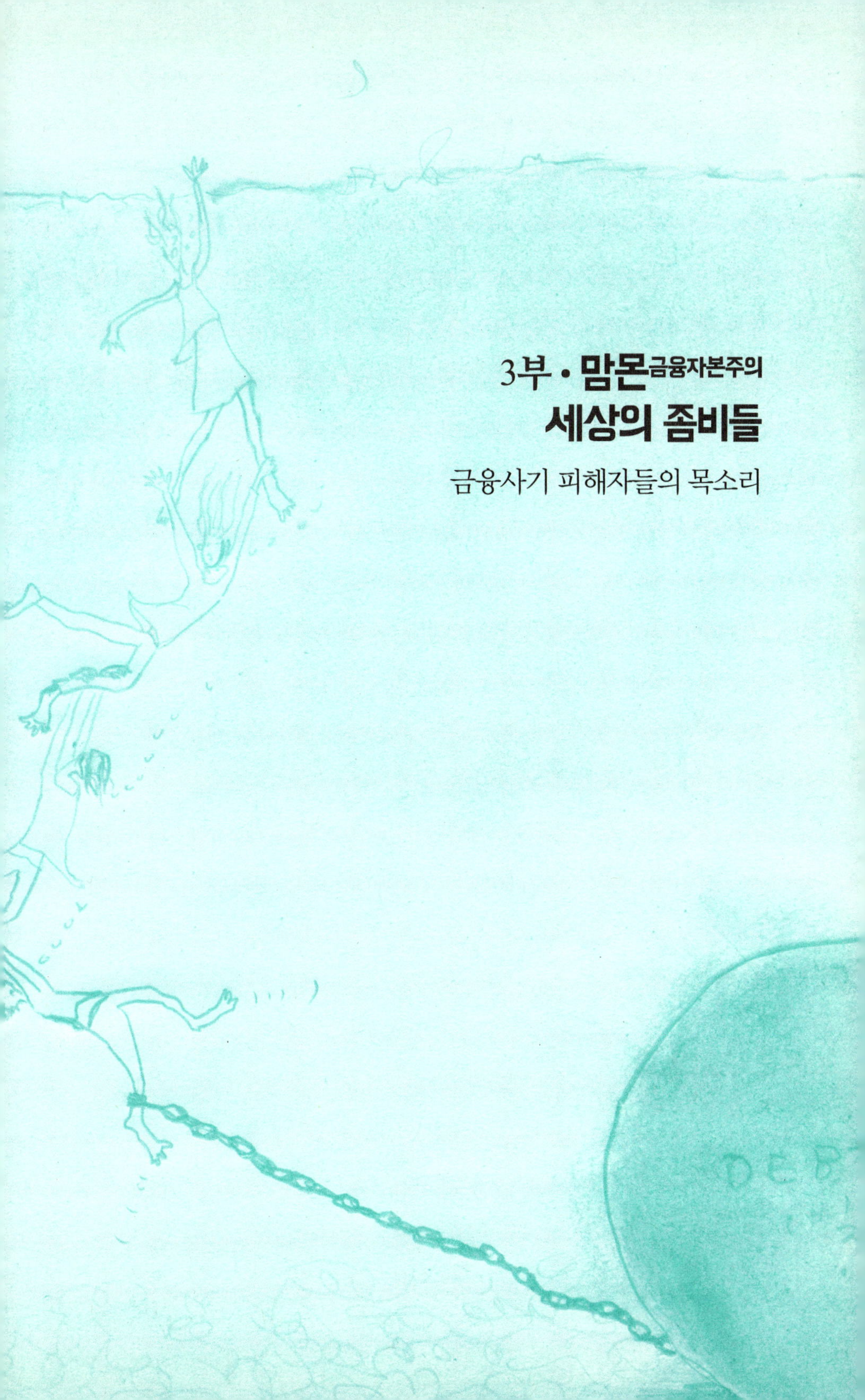

3부 • **맘몬**금융자본주의
세상의 좀비들
금융사기 피해자들의 목소리

IMF 경제 한파 속에서 양산되는 자영업자 좀비들

저는 충청남도 바닷가 시골마을에서 가난한 농가의 7남매 중 장녀로 태어났습니다. 가난한 집안 형편으로 저는 겨우 초등학교만 졸업하였습니다. 초등학교를 졸업한 후 곧바로 일터를 찾아 돈벌이를 시작했습니다. 첫 번째 일터는 읍내에 터를 잡은 사촌언니의 양장점이었습니다. 저는 사촌언니네 집에 얹혀살면서 양장일을 배웠습니다.

저는 몇 년 동안 사촌언니네 가게에서 기술을 배운 후, 같은 읍에 있는 양장점 이곳저곳 전전하며 일을 했습니다. 그러면서 나이가 찼고, 같은 업종에서 일하던 남편을 만나 동거를 시작했습니다. 그리고 딸아이를 낳았습니다.

남편 역시 가난한 농가의 장남이었습니다. 어린 아우들을 돌보느라 계속 결혼식을 미루게 되었습니다. 딸아이가 11세 되던 해에 저희 부부는 겨우 결혼식을 올릴 수 있었습니다. 그렇게 저희 부부는 구차하고 어려운 살림을 살면서 슬하에 딸아이 하나만을 두게 되었습니다.

저희 부부는 수도권으로 이사해서 세탁소를 경영했습니다. 그 후로는 서울로 올라가 남대문시장 의류업계에서 일을 하기도 했습니다. 하지만,

1990년대 접어들면서 전통시장 의류업계는 유명 패션의류업계에 손님을 빼앗겨서 영업이 어려워지기 시작했습니다. 저희 부부도 일자리를 잃고 실업자 신세가 되었습니다.

1990년 중반 무렵, 저희 부부는 농수산시장에서 채소 도소매를 하던 시동생의 권유를 받고 청주로 이주를 하였습니다. 청주로 와서 남편은 시장 농산물 가게에서 점원으로 일을 배웠고, 저는 농수산시장에서 새벽장사를 시작했습니다. 저희 부부는 2~3년 열심히 일을 배운 후 농산물 가게를 차릴 요량이었습니다.

'즉석 버섯전골'의 호황도 잠시…

1997년 초, 어느 정도 농산물시장 일머리를 알게 된 남편은 그동안 모은 돈 1,000만원에다, 전세금 2,000만원 중 1,500만원을 빼내고, 신협에서 1,000만원을 대출받아 농산물 도소매업을 시작했습니다. 저 역시 주변 아파트상가에서 작은 반찬가게를 시작했습니다.

저는 반찬가게를 하면서 '즉석 버섯전골 요리'를 생각해냈습니다. 저는 제 생각을 남편에게 이야기했습니다. 저희 부부는 전국에서 최초로 '즉석 버섯전골'을 개발해서 유통업체에 납품하기 시작했습니다. 처음부터 LG유통, 롯데백화점, 까르푸, 가락시장, 농협 하나로마트 등에 대형 유통회사에 납품을 했습니다. 저희 부부는 '즉석 버섯전골'에 관한 개발특허를 받기 위해 여러모로 노력을 기울였습니다. 그러나 농산물의 특성상 개발특허를 얻을 방법이 없었습니다. 할 수 없이 보건복지부 장관의 허가증을 받아 유통업을 하는 것으로 만족해야 했습니다.

'즉석 버섯전골' 유통은 처음부터 대박이었습니다. 그 무렵 터진 IMF경제위기 상황에서도 끄떡없이 호황을 이어갈 수 있었습니다. 도리어 IMF경제위기 이후, 돈이 없어서 외식을 할 수 없게 된 서민들에게 '즉석 버섯전골'은 최고의 인기식품이었습니다. 주머니 사정을 돌아볼 필요 없이 사무실이나 집에서 즉석 버섯전골 요리를 해먹을 수 있게 만든 것이 가장 큰 장점이었습니다.

그러나 저희 부부가 개발한 '즉석 버섯전골'은 개발특허를 받은 제조상품이 아니었습니다. 그러다보니 전국 매장으로 납품을 담당하던 운전기사가 저희 부부 몰래 '즉석 버섯전골' 상호를 도용하여 딴 장사를 시작했습니다. 나중에는 일부 거래처를 잘라가서 독자적으로 영업을 했습니다. 남편은 너무나 화가 난 나머지 운전기사 종업원을 폭행하기까지 했습니다. 그 바람에 남편은 운전기사 종업원의 병원비와 합의금으로 2000만원을 물어주어야 했습니다.

그런 후에 남편은 마음의 병이 났습니다. 남편은 하루아침에 폐인이 되었습니다. 매일같이 술을 먹고 영업을 내팽개치고 말았습니다. 결국에는 재료구입비로 인한 채무만 늘어나, 농수산시장 내 몇몇 거래처에 5000만원이 넘는 외상 빚을 지게 되고 말았습니다. 거기에다 남편은 친정 사촌언니에게 700만원 빚보증까지 서주었습니다.

저는 할 수 없이 남편 대신 '즉석 버섯전골' 유통 사업을 홀로 맡아 운영하였습니다. 마침 아파트상가가 부도처리 되는 바람에 반찬가게를 접고 쉬고 있었던 참이었습니다. 저는 남편 대신 사업을 맡아 운영하면서 직접 기사와 함께 납품을 다니고, 직접 서울 가락동 농수산시장에서 재료를 구입하는 등 열심히 일을 했습니다. 그렇게 열심히 일한 덕분에 1년이 못되어 농수산시장 내 거래처들의 외상 빚을 대부분 정리할 수 있었습니다.

그러나 그러한 행운도 잠깐뿐이었습니다. 1999년경부터는 서울 가락동 농산물시장, 경기도 구리 농산물 도매시장, 평택 농산물시장 등 대부분의 거래처에서 직접 '즉석 버섯전골'을 만들어 유통하기 시작했습니다. 저희 부부가 '즉석 버섯전골'을 처음으로 개발했지만, 그 개발 권리를 주장할 아무런 법적 근거가 없었습니다. IMF 경제위기 이후, 무작정 자영업에 뛰어든 이들이 지역마다 너도나도 '즉석 버섯전골'을 만들어 유통시키기 시작했습니다.

그 이후로부터 영업경쟁이 치열해지고 납품가격도 폭락했습니다. 저희 가게 역시 영업규모가 눈에 띄게 줄어들었습니다. 재고로 쌓여 폐기하는 '즉석 버섯전골' 양이 늘어났습니다. 한때는 30여명에 달하던 직원도 7~8명으로 줄여야만 했습니다. 영업이 부진해지면서 여러 개의 신용카드로 현금서비스를 받거나 물품대금을 결제하는 등, 신용카드 사용횟수와 결제대금도 덩달아 늘어나기 시작했습니다.

장사하면 할수록 쌓이는 빚

2000년대에 들어, 저는 농협에서 마이너스통장 대출을 받는 등 여기저기 은행에서 소액대출을 받았습니다. 대출 받은 돈으로는 서울 가락동시장 농산물 가게에 밀린 버섯 구입 대금을 갚기도 하고 일부는 모자라는 운영자금으로 쓰기도 했습니다. 그러다가 기왕에 사용하고 있던 LG카드에 더해서 농협BC카드를 발급받아 사용하기 시작했습니다. LG카드와 농협 BC카드로 번갈아 가며 현금서비스를 받아 직원 월급에 보태기도 하고, 늘어나는 카드대금을 서로 돌려막기도 했습니다.

2001년 초, 가게를 방문한 삼성카드 모집 영업사원을 통하여 삼성카드도 발급받았습니다. 삼성카드로는 카드론 대출을 받아 버섯 구입자금이나 직원 월급 등 운영자금으로 사용했습니다. 이어서 신한카드구, 외환카드모집 영업사원이 가게 찾아 왔을 때, 외환카드도 발급받아 사용하기 시작했습니다. 외환카드는 주로 서울 등 외지에 영업활동을 나갈 때 유류비, 고속도로비, 식비 등 영업경비로 사용했습니다.

그러던 2002년 12월, 저는 그동안 부어오던 생명보험에서 보험약관 대출 280만원을 받아 직원 월급으로 사용했습니다. 그 무렵 그동안 사용해오던 1톤 봉고트럭이 고장났습니다. 저는 당장이라도 외지로 영업을 다녀야하는 터라, 할 수 없이 현대캐피탈 할부대출1600만원을 통해 현대 리베로 1톤 트럭을 구입했습니다. 그러면서 현대카드도 발급받았습니다. 현대카드는 주로 유류비 등, 영업경비를 지급하는데 사용했습니다. 2003년 6월에는 삼성카드 대출620만원을 받아서 일부 밀린 버섯 구입대금을 지불하는 등 운영자금으로 사용했습니다.

영업이 어렵기는 했지만, 저는 가게를 그만 둘 수 없었습니다. 특별히 '즉석 버섯전골'은 제 손으로 직접 개발할 것이었기에 애착이 컸고, 품질에도 자신이 있었습니다. 나아가 저는 초등학교만 졸업했을 뿐이고 특별한 기술도 없는 터라 딱히 다른 할 일도 없었습니다. 무엇보다도 IMF 경제 한파가 오롯한 상황에서, 오갈 데 조차 없는 8명의 아줌마 직원들이 저 하나만 바라보고 있었습니다. 저는 더 열심히 영업을 하고 일하다보면 다시 가게가 활기를 되찾게 될 것이라고 믿었습니다.

그러나 2003년 들어서부터는 대구, 부산 등의 남아 있는 거래처에서도 '즉석 버섯전골'을 직접 만들어 유통하기 시작했습니다. 전국 어디에서나 '즉석 버섯전골'을 직접 만들어 유통하는 농산물 업체가 우후죽순 생겨났습니다. 이제 '즉석 버섯전골' 원조라는 이름조차도 무의미해져 버렸습니다. 날이 갈수록 경쟁이 극심해지면서 재고가 쌓여 폐기처분하는 양이 늘어나는 등, 더 이상 버티기가 힘든 상황이 오고 말았습니다. 그동안 외상으로 버섯 거래를 해오던 가락동시장의 농산물 도매상들도 거래중단을 통보해 왔습니다.

저는 더 이상 가게를 운영할 여력이 없었습니다. 2003년 12월, 가게직원들과 밀린 임금은 추후에 정산하기로 합의한 후 폐업을 했습니다. 그 후 저는 식당일, 청소일 등 닥치는 대로 밤낮을 가리지 않고 일을 해서 직원들과 합의한 임금을 겨우겨우 정산할 수 있었습니다.

간병인으로 환자를 돌보며

현재, 남편은 혈압이 높은데다가 간질환을 앓고 있습니다. 또한 오랫동안 알콜중독 상태에 있어서 전혀 노동력이 없습니다. 저 역시 배운 것도 없고 나이도 들어서 취업이 어려운 터라, 간병인 자격을 취득하고 시간제로 간병인 일을 하고 있습니다. 하나뿐인 딸은 시집 가서 네 식구인데 빈곤층으로 살아가고 있습니다. 사위가 직장에서 사고를 당해 다치는 바람에 지체장애인이 되었기 때문입니다. 사위는 노동력을 상실했고 뚜렷한 직장 없이 일용노동을 하고 있습니다.

그런 상황에서 채권자들은 세간살이 압류 등 혹독한 추심의 끈을 놓지 않고 있습니다. 이제는 도저히 빚을 갚을 수 없는 상황인데도 끊임없이 이어지는 빚독촉에 시달리면서 저의 몸과 마음이 모두 지쳐 있습니다. 저는 빚독촉으로 인한 고통 때문에 아무것도 할 수 없는 처지입니다.

저는 견디다 못해 개인파산면책 신청을 하게 되었습니다. 빚을 졌으니 갚아야하는 것이 도리입니다만, 지금 상황에서는 도저히 빚을 갚을 수 있는 여력이 없습니다. 지금 저는 고통 속에서 힘들어 하는 간병환자들을 돌보고 있습니다. 그러면서 '나도 무언가 다른 사람들을 돕고 나눌 수 있구나'라는 것을 깨달았습니다. 힘들고 어려운 이들을 돌보고 돕고 나누는 간병일을 통하여 못다 갚은 저의 빚을 갚고 싶습니다.

부동산대박 신화는 사기일 뿐이다

저는 경기도의 작은 도시에서 태어나고 자랐습니다. 부모님은 일용노동을 하시며 어렵게 가정경제를 꾸리셨습니다. 아버지는 여러 가지 질환들을 앓고 계셔서 가족의 생계에 큰 도움이 되지 못하셨습니다. 그러다보니 어머니가 일용노동을 하시며 홀로 가족의 생계를 꾸리다시피 하셨습니다.

저는 어려운 가정형편 속에서 중학교를 졸업한 후, 방송통신학교를 통하여 고등학교 과정을 이수했습니다. 방통고를 졸업한 이후에는 경기지역의 이 도시 저 도시에서 이런 저런 분야의 직장생활을 하며 가족의 생계를 도왔습니다.

저는 어찌어찌하다 보니 지금까지 독신으로 살아오게 되었습니다. 그렇지만 저는 나름 인생의 고됨과 돈벌이의 어려움을 겪으면서 근검절약의 성품을 이루었다고 자부했습니다. 그러나 제 인생이 장년에 이르러, '돈 놓고 돈 먹기' 부동산 사기 유혹에 넘어가 비참한 처지에 떨어지고 말았습니다. 그저 통탄할 뿐입니다.

2002년 무렵, 저는 직장생활을 접고 대도시로 나와, 평소 알고 지내던 지인과 함께 식당을 열었습니다. 그동안 직장생활을 하면서 모아놓은 돈과 몇몇 친지들에게서 다소간의 돈을 빌려 식당 창업자금을 마련했습니다.

식당은 그런대로 잘 되었습니다. 그러면서 조금씩 여윳돈도 갖게 되었습니다. 그러던 2006년 경, 예전 직장동료였던 장길수가(명가) 저를 찾아왔습니다. 그는 몇몇 친지들과 함께 부동산업을 한다고 하면서 벌이가 좋다고 자랑을 늘어놓았습니다.

그 후로도 장길수는 몇 차례 더 저를 찾아왔고, 올 때마다 부동산 대박 신화를 들먹이며 지금이야말로 부동산투자를 할 적기라고 떠들었습니다. 그는 저에게 수도권 지역에 짓고 있는 상가를 소개하면서 지금 한창 분양 중이라고 설명했습니다. 여유자금 2,000만 원 정도만 있으면 실거래가가 3억 원이 넘는 상가를 2억 7천만 원에 분양받을 수 있다며 투자를 권유했습니다. 중도금과 잔금 모두를 은행에서 융자받을 수 있고, 나중에 큰 이익을 볼 수 있다고 했습니다. 그는 좋은 기회를 놓치지 말고 투자를 하라고 부추겼습니다.

저 역시도 힘든 식당일을 하면서 생각만큼 소득이 오르지 않았던 터라, 부동산에 여윳돈을 투자해서 큰 돈을 벌고 싶은 욕심이 났습니다. 그 무렵에는 전국 어디에서나 부동산 개발이 붐을 이루고 있었습니다. 신문이나 방송 등 모든 언론들도 부동산 대박광고로 넘쳐 났습니다. 주변에서도 온통 부동산 투자로 대박을 꿈꾸고 있었습니다.

그러던 차에 오랜 직장동료였던 장길수의 부추김을 받게 되니, 그의 말을 신뢰하지 않을 수 없었습니다. 저는 장길수의 말을 믿고 두 차례에 걸쳐 그에게 2,000만원을 건네주었습니다. 그러고 나서 2006년 5월, 그가 저를 찾아왔습니다. 그는 중도금 대출을 받아야 한다며 저를 인천에 있는 한 새마을금고로 데리고 갔습니다. 저는 새마을금고 대출과장이라는 사람을 만나 시키는 대로 대출서류 이곳저곳에 서명 날인을 하고 돌아왔습니다.

그 후, 새마을금고에서 저에게 상가 분양계약서와 대출금 통장을 등기우편으로 보내왔습니다. 그런데 살펴보니 상가분양가격은 1억4천만 원인데, 대출금은 2억1천800만 원이나 되었습니다. 깜짝 놀라서 옛 직장동료이었던 장길수에게 전화를 걸어 항의를 했습니다. 당장에라도 초과대출금을 돌려주든지, 상가분양 계약을 취소해 달라고 요구했습니다. 그러자 그는 아무 염려 말고 조금만 기다려 달라고 했습니다. 장길수는 첫 번째 대출금 이자를 자신이 대납해가면서까지 계속 기다리라고만 했습니다. 저는 화도 나고 매우 불안해서 새마을금고 측과 대출과장에게 항의전화를 했습니다. 그러나 새마을금고와 대출과장은 모든 책임을 장길수에게 떠밀기만 했습니다.

그러는 사이 장길수는 저에게 대출금 이자를 내지 않으면 당장이라도 제 명의의 상가가 경매 처분될 터이니, 일이 잘 해결 될 때까지 이자를 내라고 강요했습니다. 저는 제 명의의 상가가 경매 처분되고 저 자신도 신용불량자가 된다는 사실이 너무도 두려웠습니다. 울며 겨자 먹기로 이자를 내지 않을 수 없었습니다. 이후 3년여 동안, 어떻게든 문제를 해결하고 신용불량자가 되지 않기 위해서 매월 150만원씩 5000만원 넘게 이자를 물어야 했습니다.

저는 부동산 투자문제를 해결한답시고 식당일을 제쳐두고 밖으로만 나다녔습니다. 그러면서 식당영업마저 부실해졌습니다. 또한 저는 그동안의 부동산 대출금이자 대부분을 식당매출금에서 충당했습니다. 그러다보니 식당에 대한 저의 동업지분 출자금도 대부분 까먹게 되었습니다.

2010년 봄, 식당동업자는 저 때문에 식당운영이 점점 더 어려워지는 상황이니, 저에게 식당운영에서 손을 떼라고 요구했습니다. 저 역시도 더 이상은 동업자에게 피해를 주기 싫었습니다. 그래서 2010년 여름, 식당 명의며 식당운영 일체를 동업자에게 넘겨주었습니다. 그렇게 제가 식당에서 손을 털고 나니, 저의 손에 쥐어지는 것은 아무것도 없었습니다.

더구나 부동산투자 문제는 해결될 기미가 보이지 않았습니다. 저는 더 이상 버틸 여력이 없는 상황에서, 검찰에 장길수 외 일당 4인을 사기로 고소했습니다. 하지만, 작정하고 달려든 사기꾼들 앞에서 저의 억울함과 하소연은 아무런 힘도 발휘되지 못했습니다. 저의 고소에도 사기꾼들은 아무도 처벌받지 않았습니다. 다만 제가 고소한 새마을금고 대출 관계자들만 직장에서 쫓겨나는 것으로 모든 것이 유야무야되고 말았습니다.

저는 장길수 일당에게 부동산 투자 사기를 당하는 과정에서 저의 모든 것을 잃었습니다. 그동안 저의 든든한 밥줄이 되어 왔던 식당도 잃었습니다. 또한 2010년 10월, 제 명의의 상가도 경매로 처분되었습니다. 저는 졸지에 신용불량자가 되어 아무것도 할 수 없는 처지에서 극심한 생활고에 시달리게 되었습니다. 저는 지금도 저의 부동산투자 대출금에서 그 많은 초과 대출금을 누가 착복했는지 잘 알지 못합니다. 그저, 저 자신의 탐욕을 탓할 뿐, 억울하고 분한 마음을 풀 길이 없습니다.

그렇게 저는 새마을금고와 관련된 부동산분양 사기대출에 얽히면서 모든 것을 잃고 살길이 막막해졌습니다. 3년여 동안 사기피해에 시달리면서 변변한 소득도 없는 가운데 이자만 5,000여만 원 넘게 물어 주었습니다. 그러면서 여기저기 주변 친지들에게 빚을 졌습니다. 그러다보니 친지들에게서 채무변제 독촉이 심했지만 저는 이를 변제할 여력이 없었습니다.

사실, 저는 지금까지 살아오면서 신용만큼은 그 어느 자리에 가도 자신이 있었습니다. 그러나 이제, 그 모든 것이 무너진 상황에서 허탈함과 무기력과 절망 가운데 하루하루를 보내고 있습니다.

빚은 가장 낮은 자리마저도 파괴하는 폭군

현재, 저는 신용불량자로서 아무것도 할 수 없는 상황입니다. 지금은 경기도 지역 오일장을 다니며 잡화노점을 하는 지인의 장사를 돕는 알바를 하고 있습니다. 가끔씩 불러주는 지인들의 집에서 가사도우미를 하기도 합니다. 이렇게 해서 한 달에 약 80여만 원을 벌고 있습니다.

이 소득으로는 딸네 집이 편하다고 와 계시는 늙으신 어머니와 저, 두 식구 한 달 생활비도 모자랍니다. 물론 어머니는 형제들에게 얼마간 용돈을 받으시겠지만, 그것마저 제가 깨뜨릴 수는 없는 노릇입니다. 현재, 저와 늙으신 어머님이 함께 살고 있는 집은 주공 임대아파트입니다.

지금, 저는 오십이 넘는 나이에 이르렀지만 아직 더 경제활동을 할 수 있습니다. 하지만, 지금 감당할 수 없는 채무에 시달리면서 아무것도 할 수 없는 상황에 처해 있습니다. 그저 하루하루를 연명하기에도 힘든 소득으로 전전긍긍 살아가고 있습니다. 그런 가운데 저는 친지의 안내로 〈새벽〉의 무료상담을 통하여 법원에 개인파산면책을 신청했습니다.

이제 다시 새롭게, 빚 없는 세상을 살면서 제가 할 수 있고, 저에게 알맞는 경제활동을 찾아 새 출발을 하고 싶습니다. 지금까지 아무 내용도 모르신 채로 저에게 노후를 의탁하신 늙으신 어머니를 성심껏 봉양하고 싶습니다.

한 집안을 수장하는 빚 물귀신

이순자 씨가명는 경기도 중소도시에서 운수사업을 하시는 부모님의 4남매 중 장녀로 태어났습니다. 운수업을 하시는 아버지 덕에 어린 시절을 유복하게 보낼 수 있었습니다. 그녀는 여고를 졸업한 후 가정 살림을 도우며 지내다가 나이가 들어 중매로 공무원 생활을 하는 배우자를 만나 혼인을 했습니다. 그러면서 슬하에 2남 1녀의 자녀를 두었습니다. 그녀는 평범하면서도 별 근심걱정 없이 여유로운 삶을 살았습니다.

그녀의 아버지는 오랜 운수사업가로 지역에 자리를 잡으면서 지역의 유지로 지역민들의 어려운 고충을 해결하고 많은 도움을 베푸셨습니다. 지역민들의 민원을 자비를 들여가면서 도와주었고, 지역민들 사이에 어려운 사정과 문제들을 상담하고 중재하는 역할도 감당하셨습니다. 그러나 이순자 씨의 손아래 제부 김철민가명이 가족으로 편입되면서 집안의 불행이 시작되었습니다.

촉망받는 사업가 사위, 집안의 우환덩어리로

이순자 씨의 손아래 제부 김철민은 지역에서 임대아파트 건설사업을 하는 유망한 청년사업가였습니다. 젊은 혈기가 들끓어 오른 김철민은 사업

확장에 열을 올렸고 지역을 벗어나 타지까지 아파트 건설사업을 벌였습니다. 그러는 과정에서 김철민은 회사 내부의 준법질서와 경영투명성을 제대로 다지지 못했습니다. 끝내는 김철민이 운영하던 회사 전무가 거액의 현금 사기사건을 일으켰고, 결국 회사는 부도를 맞았습니다.

부도 이후 김철민은 재기를 꿈꾸며 이순자씨의 형제 가족들 몰래 친정 아버지에게 소유건물에 대한 담보설정을 요청하여 허락을 받았습니다. 그러나 이후, 김철민의 사업구상이 틀어져 건물이 경매 위험에 처하게 되었습니다.

그러자 친정 아버지 소유건물에 세 들어 있던 세입자들이 보증금을 반환받기 위해 친정 부모님을 무지막지하게 괴롭혔습니다. 이순자 씨는 할 수 없이 거래하던 신협에서 5천만 원을 대출받아 세입자들의 보증금을 반환해야 했습니다. 이후 이순자 씨는 신협에 2,000만원을 상환했으나 3,000만원이 빚으로 남았습니다. 그러면서 신협의 빚독촉을 받게 되자, 이순자 씨는 은행을 통해 신협 채무에 대한 전환대출을 받게 되었습니다. 그 때 공무원인 이순자씨의 배우자가 은행대출의 주 채무자가 되면서 배우자마저 채무의 늪으로 빠져들었습니다.

결국 이순자 씨의 친정아버지 소유 건물은 경매절차를 거쳐 외지인에게 넘어갔습니다. 후일, 지역주민들의 입담에 따르면 경매물건이 지역 요지에 자리잡은 알짜배기라서 서로 욕심은 났지만 친정아버지 체면 때문에 감히 입찰에 참여할 수 없었다고 했습니다.

그 이후, 이순자 씨의 제부 김철민은 새로운 건설회사를 설립하고 다시 사업을 하려고 노력했습니다. 김철민은 2000년 초 이순자 씨 부부와 가족들을 찾아다니며 도와달라고 호소했습니다. 김철민은 예전에 거래했던 은행 지점장들이 전폭적인 지원을 약속을 했다며 자신감 있게 자신의 사업 플랜을 설명했습니다. 잘 알아 듣지도 못할 전문사업 플랜이지만 "장인 어르신의 명예를 꼭 회복해 드리겠다"라는 결의만은 확고해 보였습니다.

김철민은 본인이 신용불량자이기 때문에 이순자 씨 부부가 여러 가지로 도와주어야 한다고 거듭거듭 부탁했습니다. 이순자 씨는 제부 김철민의 재기를 돕는 것이야말로 친정아버지의 명예와 재산을 회복하는 길이라고 믿었습니다.

신용불량자였던 김철민은 친지들을 새로운 회사의 임직원으로 등기했습니다. 이순자 씨와 배우자도 임원으로 등기되었습니다. 이순자 씨 가족들은 새로 설립한 회사가 사업자금을 대출할 때마다 시나브로 보증을 서거나 채무 당사자가 되었습니다. 실제로 김철민은 사업을 시작하려면 신용보증기금과 기술보증기금으로부터 보증서를 받아 제일은행에서 대출을 받아야 한다고 했습니다. 김철민의 이러한 요구에 따라 이순자 씨 부부는 부득불 제일은행 대출 보증인으로 참여를 해야만 했습니다.

그 후로도 이순자 씨는 김철민의 요구에 따라 아파트 구입에 명의를 내어주었습니다. 그렇게 해서 이순자 씨는 여러 은행대출에 대한 보증인 자격을 갖게 되었습니다. 이후 김철민의 요청으로 배우자 명의의 제일은행 신용대출 1억 원을 받을 때 이순자 씨가 보증을 섰습니다. 또한, 이순자 씨는 제부 김철민의 회사에서 자동차 구입하려고 하는데 보증인이 필요하다고 해서 보증인이 되었습니다.

그 무렵, 김철민은 고속도로 일부구간 공사를 시행한다고 했습니다. 이순자 씨와 가족 모두는 김철민의 말에 대하여 전혀 의심하지 않았습니다. 도리어 모두들 회사가 돌아가려면 자금이 필요할 것이고, 정부 시행공사를 하기 때문에 공사대금을 떼이는 일은 없을 거라고 생각했습니다. 나중에서야 고속도로 일부구간 공사건이 새빨간 거짓말이라는 사실을 알게 되었습니다. 그러는 사이에 김철민은 서류작성할 것이 있다며 아예 이순자 씨의 도장을 회사로 가져갔습니다. 그런 후에 김철민은 이순자 씨의 명의로 경기도 지역에 소재한 임야 및 부동산 등 여러 건의 경매 물건들을 경락받았습니다. 김철민과 회사사람들은 당시 감정가 27억짜리 부동산을 7억여 원에 경락받았다며 흥분했습니다. 이순자 씨는 경매물건 내용을 잘 알지도 못했고 마치 부동산 투기처럼 여겨져 속으로 매우 언짢았습니다. 하지만, 여러 사람들이 조건이 아주 좋다며 흥분하는 터라 그냥 지나칠 수밖에 없었습니다. 그러면서 김철민은 경락부동산을 담보로 농협 등으로부터 7억여 원의 대출을 받았습니다.

그러나 이순자 씨의 제부 김철민의 이러한 모든 사업구상은 모래성과 같았습니다. 빚을 얻어서 회사 자산을 늘리고 그 자산을 담보로 또 빚을 내서 자산을 늘리는 과정에서 사고가 터지고 말았습니다. 한순간에 모든 재기의 꿈이 날아갔습니다. 이후 회사 경영이 파탄나면서 경락받은 토지며 부동산 등 모든 자산들이 다시 경매로 넘어갔습니다. 결말에 이르러는 이순자씨 명의로 5억원 정도의 채무만 남았습니다.

이순자 씨의 배우자 역시 날벼락을 맞았습니다. 이순자 씨의 배우자는 비록 말단 공무원이었지만 지금까지 대과없이 잘 봉직해 왔습니다. 하지만 한 가족이었던 손아래 동서의 탐욕으로 인해 공무원에서 퇴직을 해야만 했습니다. 이순자 씨의 배우자는 퇴직이라는 마지막 방법으로 목돈을 마련한 후 그 돈을 모두 털어넣어 채무를 변제했습니다. 하지만, 이순자 씨 부부의 채무가 너무 커서 배우자만 빚더미에서 빠져나오는 것으로 만족해야 했습니다.

저승까지 따라올 빚의 덫

이제, 이순자 씨에게는 신용불량자란 딱지가 붙었습니다. 그 즈음 신용불량자 딱지는 이 땅에서 아무런 경제활동도 할 수 없다는 사회적 낙인과 같았습니다. 이순자 씨는 망가질 대로 망가진 가정경제를 위해 무언가 돈벌이를 하고 싶었습니다. 그러나 신용불량자 처지인 이순자 씨가 할 수 있는 것은 아무것도 없었습니다. 사실 IMF 경제위기 이후 대한민국 가정주부들이라면 한번쯤은 해보았을 보험설계사조차도 할 수 없었습니다. 그저 할 수 있는 것이라고는 일용노동뿐이었는데, 그 조차도 은행통장이 압류되다보니 쉽지 않았습니다.

이순자 씨는 채무를 변제할 능력이 없는 가운데, 시간이 갈수록 늘어만 가는 채무금액을 알아보는 것조차 무서웠습니다. 이순자 씨는 하루가 멀다 하고 계속되는 빚독촉을 당하며 고통스러운 나날을 보냈습니다.

2010년경에는 이순자 씨 가족의 살림살이에까지 경매가 붙었습니다. 하지만 살림살이 감정가가 34만 원이다보니 두 번이나 경매가 유찰되었습니다. 사춘기에 접어든 자식들이 알까봐, 아이들이 얼마나 절망할까 싶어서, 이순자 씨 부부는 전전긍긍해야만 했습니다. 자식들에게만은 이런 아프고 쓰라린 경험을 주고 싶지 않았기 때문입니다.

이순자 씨 부부는 자식들이 중·고교를 다니는 동안 학원 한번 보내지 못했습니다. 이순자 씨는 첫 아이가 대학에 합격 했을 때, 비로소 "고맙다"는 감사의 말을 할 수 있었습니다. 입학금 대출 신청하러 갔다가 부모가 신용불량자라서 안 된다는 말에 이순자 씨는 혼자서 목 놓아 울었습니다. 신용불량 부모를 둔 자식들은 학교도 못 보내는가 싶어 억장이 무너졌습니다. 아들은 친지들에게서 학교를 졸업하고 취업을 하면 갚는다는 조건으로 학자금을 지원받았습니다. 그 후 아들은 졸업을 하고 취업이 되어 지금까지 그 빚을 갚아나가고 있습니다. 둘째 아이도 똑같은 상황으로 대학을 다녔습니다.

아이들은 대학을 다니며 남는 시간에 알바를 해야 했고, 온가족이 힘들게 살았습니다. 이순자 씨는 식당을 전전하면서 일을 했습니다. 가급적 교통비가 들지 않는 곳을 찾다보니 작고 옹색한 식당만 가게 되었습니다. 그러다보니 식당들이 갑자기 망해 문을 닫는다든지, 제대로 급여를 받지 못하든지 해서 여러 식당을 전전할 수밖에 없었습니다.

이순자 씨는 마트에서도 일을 했습니다. 하지만 신용불량자 처지라서 일용직으로 일할 수밖에 없었습니다. 아침 9시부터 밤 12시까지 일을 했으나 수입은 보잘 것 없었습니다. 발이 너무 아파서 잠을 이룰 수가 없었고, 잠든 중에도 몇 번씩 깨어 수면부족으로 항상 피곤하게 살았습니다. 이순자 씨는 사는 것이 너무 어려워서 건강보험료를 내지 못했고, 병원치료는 엄두도 내지 못했습니다.

결국 이순자 씨는 '족저 근막염'이라는 질환을 앓게 되었습니다. 병세가 너무 악화되어 발목과 종아리 근육까지 손상을 입었습니다. 의사는 적어도 8개월 정도 최소로 움직이고, 소염제 먹으면서 물리치료를 받아야 한다고 했습니다. 이순자 씨는 식당, 마트 등 힘든 일을 하면서 시간을 내는 것이 불가능했습니다. 물리치료비 5천원도 한 달이면 15만원이고, 식구들의 한 달 식품비와 같습니다. 이순자 씨는 일단 집에서 쉬기로 했습니다. 하지만 쉬다보니 어깨근육도, 팔꿈치도 위험 수위를 넘어 있었습니다. 참으로 죽고 싶을 만큼 고통스러운 세월이었습니다.

개인파산면책이란 법제도에의 마지막 호소

이순자 씨는 이대로 신용불량자인 채로 세월이 가면 자식들에게 또 다른 멍에를 지우게 될 것이 걱정되었습니다. 또한, 아무런 노후대책이 없는 빈곤 노인가구가 되어 사회의 짐이 될 것이라는 불안감을 가지게 되었습니다. 그래서 이순자 씨는 감당할 수 없는 채무를 개인파산면책이라는 법제도에 호소하기로 결심했습니다.

현재 이순자씨 가족의 소득은 본인과 배우자의 일용노동 소득을 합해 150만원 정도가 전부입니다. 이 소득으로는 이순자씨 부부가 한 달 생계를 꾸리는 것조차 부족합니다. 자녀들도 장성해서 결혼도 하고 각각의 살림을 살고 있으나 부모를 부양할 만큼 소득이 많지 않습니다. 현재, 이순자씨 부부가 살고 있는 집도 보증금 없는 월세 단칸방입니다.

이순자 씨는 젊은 날 가족이라는 인정에 끌려 잘못된 판단을 했고, 통한의 세월을 보내왔습니다. 하지만, 이제라도 빚 없는 세상에서 살면서 이웃들과 함께 나누며 봉사하는 노후의 삶을 살고 싶을 뿐입니다.

개인파산면책의 역사

고대의 고리대금 채무자 노예제도로부터 현재의 투기금융자본의 약탈적 대출관행에 이르기까지, 맘몬자본 권력이 불러일으킨 사회·경제적 위기의 역사적 경험으로부터 개인파산면책 제도가 나왔습니다. 기원전 6세기경 고대 그리스 도시국가 아테네는 '에우파트리다이eupatridae'라고 불리는 세습 귀족계급들이 사회·경제 전반을 지배했습니다. 그들은 부와 정치권력, 그리고 종교권력을 독점하고 전횡했습니다. 그들은 가난한 농민들을 수탈했을 뿐만 아니라, 감당할 수 없는 소작료로 빚을 지워 도저히 갚을 수 없는 상황으로 몰아넣었습니다. 그 빚을 빙자하여 가난한 농부들을 채무노예로 삼았습니다.

이러한 세습귀족들의 착취와 억압 속에서 농민과 수공업자와 상인들이 함께 연대하여 민란을 일으켰습니다. 그리고 그 시대의 개혁가 '솔론'이 민중들의 지도자가 되었습니다. 솔론의 가장 큰 사회적 관심사는 무거운 빚더미에 치여 고통당하는 과중 채무자들의 빚을 탕감하는 것이었습니다. 솔론은 빚으로 빼앗긴 채무자의 땅을 되돌려주고, 빚으로 팔린 노예들을 해방하라는 포고령을 공포했습니다. 솔론의 이 포고령은 "모든 빚더미를 내던지는 것"으로써, 개인채무에 대한 사회적 책임의 명제로 널리 회자되어오고 있습니다.

한편, 유럽 중세시대에 이르러서는 금융업에 종사하는 유태인들이 기독교인을 노예로 삼지 못하게 하는 법령이 공포되기도 했습니다. 나아가 '토마스 아퀴나스'로 대표되는 중세 스콜라 철학자들은 이자를 불법화하기도 했습니다. 하지만, 유럽 중세시대에는 채무를 갚지 못하는 사람을 처벌하는 강력한 채무자 법률이 실행되기도 했습니다.

이후, 르네상스 시대의 이탈리아 상인들 사이에서는 '파산'이라는 관습이 생겨났습니다. 그들의 관습에 따르면 "채권자들은 빚을 갚을 수 없게 된 채무자에게 몰려가 그가 앉던 의자를 두들겨 부쉈다"고 합니다. 그리고 채무자는 도시 광장으로 나아가 사람들이 보는 앞에서 바지를 벗고 엉덩이를 광장 기둥에 비벼대면서 "나는 망했다"라고 크게 소리쳤다고 합니다. 이탈리아 상인들은 그러한 과정을 거쳐서 빚을 갚을 수 없게 된 동료상인의 채무를 면제해 주었습니다. 이러한 관습으로부터 영어의 파산bankruptcy이라고 하는 말이 유래되었습니다.

하지만 산업사회에 이르러서는 빚을 갚지 못하는 상황을 형사 범죄로 취급했습니다. 빚을 갚지 못하게 된 채무자의 상황은 무시되고, 오직 "빚을 갚을 능력도 없으면서 빚을 냈다"는 이유로만 채무자를 '사기죄'로 처벌했습니다. 그로 인해 18~19세기의 유럽에서는 채무자 감옥debtor's prison이 성행했다고 합니다. 우리 사회에서도 몇 년 전까지 신용카드 빚을 못 갚으면 사기로 엮어 구속하고 처벌했습니다.

그런데 신흥 자본주의 국가인 미국에서부터 개인파산면책에 대한 사회적인 변화가 일어나기 시작했습니다. 미국은 남북전쟁과 몇 번의 경제위기를 겪으면서 1898년 '파산법Bankruptcy Act'을 제정했습니다. 그 후 1929년 세계 대공황 때 개인파산면책 제도가 활성화되었습니다. 그 결과 미국은 성공적으로 세계 대공황을 극복할 수 있었습니다. 나아가 20세기 세계를 지배하는 경제대국으로 부상할 수 있게 되었습니다.

이처럼 미국은 남북전쟁을 통하여 노예제도를 청산하고 자본주의 사회로 진입하면서 개인채무자에게 관대한 '파산법'을 제정했습니다. 미국은 세계 자본주의 사회 최초로 근대적인 파산법 제정을 통하여 자본주의 경제의 폐해를 기술적으로 수렴했습니다. 이렇게 해서 미국의 파산법은 개인파산면책이 인격적이며 도덕적인 문제가 아니라, 자본주의 사회의 폐해를 치유하는 사회·경제적 기술의 문제임을 증명했습니다.

나아가 미국은 신자유주의 금융자본 경제체제가 뿌리내리기 시작한 1978년, 새로운 '파산법Bankruptcy Code'을 제정했습니다. 이 파산법 제정으로 개인채무자의 사회·경제적 권리가 크게 신장되었습니다. 미국의 새로운 파산법은 파산신청과 함께 모든 채권추심을 금지합니다. 또한 채무자의 면책 불허가 사유에 대한 법원의 직권심리를 생략하고, 채권자의 이의신청이 있을 때에만 심의하도록 규정하고 있습니다. 나아가 파산선고를 핑계 삼아 어떤 사회·경제적 차별도 할 수 없도록 규정하고 있습니다. 이로써 미국의 새로운 파산법은 개인파산면책이 개인 책임의 문제만이 아니라, 사회적 책임의 문제임을 거듭 증명하고 있습니다.

우리나라의 개인채무자 문제와 현황

2005년 이후, 우리 사회에서는 '신용불량자'라는 용어가 사라졌습니다. 대신 '금융채무 불이행자'라는 용어가 생겨났습니다. 또한 신용불량자에 대한 종합적인 집계도 이루어지지 않고 있습니다. 일부 단편적인 자료에 의하면 2005년 이후 매년 신용불량자 수가 줄어들고 있는 것으로 나타나고 있습니다.

하지만, 2008년 세계 금융자본 경제위기 이후, 다시 신용불량자 수가 늘어나고 있으며 현재는 300여만 명을 넘어섰으리라고 추측합니다. 신용불량 상태에 있는 사람들까지 합하면 그 수가 훨씬 늘어나 실제로는 400만에 이를 것으로 추정되기도 합니다. 우리 사회의 전체 경제활동 인구를 약 2,300만 여명으로 볼 때 7명 중 1명은 신용불량자인 셈입니다.

　더 큰 문제는 신용등급 7~10등급에 속하는 830여만의 저소득·금융소외 계층입니다. 이들은 34.9%라는 고금리의 대부업체 대출조차도 마음대로 이용하기 힘들어 사채업자들의 먹잇감으로 내몰리고 있습니다. 이렇게 사채시장으로 내몰린 사람들은 우리나라 총 인구의 10%에 해당하는 약 500만 명으로 추정되고 있습니다.

　현재 우리 사회의 빈곤계층을 대상으로 암약하는 사채시장 규모는 작게는 18조 원, 크게는 50조원한국은행 추정입니다. 이에 반하여 IMF이전1988년 이자제한법폐지 이전 서민들을 상대로 하는 사채시장 규모는 4조 원한국갤럽~4조9000억 원한국은행·1993년 기준수준에 불과 했습니다. 한마디로 IMF이후, 우리나라가 투기금융자본 경제체제로 편입되면서 사채시장의 규모가 4배~10배까지 커진 것입니다.

　또한, 사채업체 수는 등록업체가 1만7000여개이고, 미등록업체가 3만5000~4만5000개로 추정됩니다. 이에 반하여 IMF이전에는 사채업체가 3000여개에 지나지 않았습니다. 현재와 비교하면, IMF이후 우리나라의 사채시장이 얼마나 팽창했는지 잘 알 수 있습니다.

　이러한 참혹한 상황에서, IMF때 폐지되었던 이자제한법이 10년 만인 2007년에 다시 부활되었습니다. 그에 따라 현재는 미등록 사채업자의 이자 상한선이 25%로 제한되었습니다. 등록대부업체는 34.9%까지만 이자를 받을 수 있도록 했습니다. 하지만 지금도 금융당국의 조사에 의하면 사채시장 평균 이자율은 무려 200%에 이르고 있습니다.

　이에 반하여 일본은 29.2%이던 이자 상한선을 2006년 15~20%로 낮추었습니다. 미국의 경우도 주州별로 차이가 있으나 15%내외, 프랑스의 경우는 9~20%입니다. 독일은 시장 평균금리의 2배를 넘으면 폭리이고, 아예 계약이 무효입니다. 따라서 현재 우리나라의 이자제한은 외국의 사례에 비하여 터무니없이 높습니다. 즉, 세계최고의 고금리 국가인 것입니다.

이러한 고금리 상황에서, 2008년 6월 금융위원회의 실태조사에 따르면 서민들의 사채이용은 생활자금 47.4%와 개인 사업자금 39.6%가 대부분을 차지하고 있습니다. 생활자금의 용도는 긴급생활비 46%, 교육책 24.5%, 병원비14.9% 등입니다. 이처럼 서민들은 긴급생계를 위한 소액 급전300~500만 원을 빌리려고 사채시장을 이용하고 있음을 잘 알 수 있습니다. 그들은 우리 사회의 일부에서 떠들어대는 것처럼 도덕적 해이자들이 아니라 급박한 생계형 채무자들입니다.

또한 대다수의 채무자들은 투기금융자본이 불러온 현재의 사회경제 위기상황 속에서 일을 하고 싶어도 일을 할 수 없는 노동 취약계층입니다. 그들은 빚을 갚고 싶어도 갚을 수 없는 절망적 상황에 처해진 채 이중삼중의 고통을 당하고 있습니다. 한마디로 지금 우리 사회는 신자유주의 금융자본경제의 불평등과 양극화, 그리고 그로 인한 빈곤과 채무불이행이 악순환되는 사회경제구조가 고착화되어 가고 있는 상황입니다.

그렇다면 과연 830여만 저소득·금융소외 계층의 채무문제가 개인적인 책임이며, 도덕적 해이라고만 치부할 수 있을까요? IMF이후 대한민국 정부는 168조라는 국민혈세를 투기금융자본을 위한 구제금으로 쏟아 부었습니다. 나아가 경제를 살린다는 명분으로 신용카드 남발정책을 실행하고, 서민들의 호주머니를 털어서 투기금융자본에게 넘겨주었습니다. 신용카드 현금서비스 한도액을 대폭 상향하고, 마이너스통장 대출을 활성화함으로써, 월급쟁이들의 줄어붙은 월급봉투에 빨대를 꽂았습니다. 뿐만 아니라 IMF체제 하에서 '이자제한법'마저 폐기하고 무제한적인 고리대금업이 판을 치도록 조장했습니다. 실제로 IMF 무렵 25%로 상한선을 제한해오던 이자제한법 폐지된 후, 2007년에 이르러는 사채시장의 평균 이자율 200%를 넘게 되었습니다. 한마디로 가난한 서민들을 제도금융권에서 쫓아내어 고리대금업자들에게 내어줌으로써 그들의 배를 불려왔던 것입니다.

　이로써, 서민경제가 파탄났습니다. 가난한 서민들은 빚을 얻어서 빚을 갚아야 하는 상황으로 내몰렸습니다. 투기금융자본들은 채무자의 아내와 자식, 부모 형제 등을 연대 보증인으로 끌어들여 고리의 대환대출을 일으켰습니다. 채무자와 채무자의 온 일가친척들을 족쳐서 금융자본의 노예로 삼았습니다. 참으로 황당하고 참담한 투기금융자본의 노예사슬이 우리 사회를 절망의 구렁텅이로 몰아넣은 것입니다. 이것이야말로 투기금융자본 경제체제가 불러일으키는 사회·경제적 재앙이며 파국적 결말입니다.

　이제, 우리 사회는 소수의 부유층을 제외하고는 대부분의 사람들이 금융소외 계층으로 전락된 신용불량사회입니다. 그런 가운데 400여만 과중채무자들이 투기금융자본들의 사익을 위한 정부의 신자유주의 금융경제 정책에 놀아나, 졸지에 신용불량자라는 사회적 낙인이 찍힌 채 살아가야 하는 처지가 되었습니다. 지금, 그들은 밤낮을 가리지 않는 불법 채권추심업자들의 욕설과 협박으로 인해 서서히 정신질환자가 되어가고 있습니다. 일부는 절망과 두려움 속에서, 사채업자들의 폭력 앞에서 무기력하게 인권을 유린당하고 있습니다. 거의 매일, 어느 한적한 시골길에서, 지하철 승강장에서, 어느 다리 난간에서 자살로 생을 마감합니다. 이렇게 날마다 채무로 인해 사람이 죽어나가는 사회라면 그 사회는 이미 죽은 사회입니다.

　그럼에도 불구하고 정부와 정치가들과 언론은 투기금융자본의 하수인이 되어 400여만 금융자본 피해자들을 우리 사회의 도덕적 해이자들이며 실패자들이라고 비난합니다. 그러면서 여전히 투기금융 자본들을 통한 개발 사업을 장려하고, DTI총부채상환비율를 해제하는 등 서민들의 생활경제를 파탄 내려는 행보를 계속하고 있습니다.

2005년 3월 31일, 통합도산법이 공포되었습니다. 이법은 기존의 파산법, 화의법, 회사정리법, 개인채무자회생법 모두를 통합하여 하나의 법률로 만들었습니다. 그래서 일명 "통합도산법"이라고도 불립니다.

원래 '개인파산'이라는 말은 법률이 정하고 있는 용어는 아닙니다. 다만 일반 파산절차와는 다른 특색을 가지고 있어서 관용적으로 사용하고 있는 용어일 뿐입니다. 실제로 개인파산은 일반 파산절차와 다른 몇 가지 특색을 가지고 있습니다. 첫째, 채무자 본인이 스스로 파산신청을 할 수 있습니다. 둘째, 파산선고와 동시에 파산절차를 종결하는 동시폐지결정을 합니다. 셋째, 파산선고 자체는 면책결정을 받기 위한 하나의 전제 과정에 불과합니다.

사실, 우리나라에서 처음으로 개인파산면책을 규정한 파산법이 제정된 것은 1962년이라고 합니다. 그렇지만 개인파산면책제도는 법조문으로만 존재한 채, 오랜 세월동안 숨겨져 왔습니다. 그러다가 IMF 경제위기를 맞아 신용불량자가 급증하면서부터 개인파산면책 제도가 일반 국민들에게 알려졌습니다. 실제로, 개인파산면책을 신청한 최초의 사건은 파산법이 제정되고 나서 무려 34년이 흐른 1996년이었습니다. 이 사건은 1997년에 파산이 선고되었고 곧 이어서 면책결정이 났습니다.

이를 계기로 해서 개인파산면책 신청이 급증했습니다. 신용카드 대란이 시작되던 2003년에 4,000여건이 신청되었고, 2007년에 이르러는 154,009건이 신청되었습니다. 그러나 2007년 이후 법원이 개인파산면책 심리를 강화함으로 인해 2008년 신청건수가 118,571건으로 줄었습니다. 이 후, 세계 금융자본위기로 인해 신용불량자가 늘어나고 있는 추세와는 상반되게 개인파산 신청자는 계속 줄어들고 있는 상황입니다. 2013년에 이르러는 개인파산 신청자 56,983명, 개인회생 신청자 105,885명으로 파산과 회생신청자 숫자가 역전되었습니다.

하지만 지금처럼 개인파산보다 회생신청자가 곱절이나 많은 것은 매우 우려스러운 일입니다. 이는 법원이 그동안 개인파산을 억제하고 회생을 늘려온 결과이기도 하지만 도리어, 한계상황 속에서 채무 돌려막기를 해오던 830만 저소득·금융소외 계층 채무자들의 채무 변제능력이 모두 소진되었음을 의미하는 것이기 때문입니다.

실제로, 우리 사회의 830만 저소득·금융소외 계층은 개인파산면책이 무엇인지도 모른 채 살아왔습니다. 정부당국은 온갖 신용불량자 대책을 발표해 왔지만, 정작 법으로 보장된 개인파산면책에 대해서는 일언반구도 하지 않았습니다. 오로지 채권자들의 사적 기관에 불과한 신용회복위원회를 통한 채무변제만을 홍보해 왔습니다. 지금도 여전히 정부당국은 신용회복위원회가 마치 정부기구인양 선전하고 있습니다.

더불어 투기금융자본들과 채권추심 기관들과 언론은 개인파산면책에 대한 악의적인 선동을 일삼아 왔습니다. 파산을 하게 되면 호적에 빨간 줄이 올라간다는 등, 개인 신상에 커다란 불이익을 당하게 될 것이라는 잘못된 인식을 확산시켜왔습니다. 일부 사람들은 개인파산 선고를 받으면 각종 금융거래와 취업 등에서 불이익을 받을 수 있다는 점을 지적하기도 합니다.

하지만 이는 현실을 잘못 이해한 것입니다. 대부분의 개인파산 신청자들은 이미 신용불량자로 금융기관에 등록되어 있습니다. 그렇기 때문에 파산 선고를 받는 것과는 무관하게 금융거래와 취업 등에서 사실상의 불이익을 받고 있습니다. 한마디로 개인파산 선고는 현재의 신용불량자 상태를 법적으로 확인하는 것일 뿐입니다. 나아가 파산은 면책을 위한 필요조건이고 면책 이후에 모든 불이익은 해소됩니다.

그러므로 개인파산면책 제도는 현재보다 훨씬 나은 삶의 상황으로 나아가기 위한 필요조건이며 특별한 불이익이 없는 제도입니다.

4부 · **잡초처럼**

극심한 빚독촉,
금융자본의 폭력을 감내하는
작은 이들의 목소리

작은 이들의 삶의 고난,
개인의 불행인가 사회적 책임인가

저는 강원도 산골마을에 농사일을 하시는 부모님의 6남매 중 장녀로 태어났습니다. 고등학교만 겨우 졸업한 후 가게 점원 등으로 일을 하며 동생들을 뒷바라지했습니다. 그러다가 강원도에서 장기하사로 군대생활을 하던 남자친구를 만나 교제를 하기 시작했습니다. 그 무렵 남자친구 역시 넉넉지 않은 집안의 장남으로 태어나 장기하사관으로 군복무를 하고 있었고, 군 생활 중 받는 월급으로 어려운 가정경제를 돕고 있었습니다.

1990년, 저는 남자친구와 결혼했습니다. 아무것도 없이 시작한 신혼살림이지만 저희 부부는 알콩달콩 행복하게 살았습니다. 1993년 무렵에 이르러 남편이 만기제대를 했습니다. 이후 저희 가족은 강원도를 벗어나 대도시로 나왔고 남편은 작은 중소기업에 취업을 해서 새로운 사회생활을 시작했습니다. 비록 적은 월급을 받으며 일을 했지만 남편은 나름 성실하게 직장생활을 했습니다. 저희 가족은 아무런 불평불만 없이 행복하게 살았습니다. 저와 남편은 슬하에 자녀 넷을 두었습니다.

그러나 IMF가 터지면서 남편이 다니던 회사가 부도가 나고 말았습니

다. 남편은 퇴직금도 없이 아무런 보상도 받지 못한 채 회사를 그만두어야
만 했습니다. 갑작스러운 남편의 직장 상실은 가정경제에 심각한 위협이
되었습니다. 남편도 저도 기술이 없고 학벌도 없으니 쉽게 직장을 얻을 수
없었습니다. 또한, IMF경제위기 무렵에는 모든 경제가 하루아침에 무너져
내리는 공황상태이기도 했습니다. 그때부터 저희 가족의 작은 행복은 하나
둘씩 날아가 버리기 시작했습니다.

남편이 직장을 잃은 후, 저는 남편과 함께 노점행상을 시작했습니다. 봄
가을에는 야채나 과일 행상을 하기도 했고, 겨울철에는 노점 떡볶이장사
를 하기도 했습니다. 한여름 노점 비수기에는 이런저런 일용노동을 하기도
했습니다. 그 무렵 저와 남편은 이것저것 닥치는 대로 일을 하면서 근근이
생계를 이어갔습니다.

고난은 고난을 부르고

그 무렵 저의 시부모님들은 충남 지방도시에서 작은 구멍가게를 하시
며 생계를 꾸리고 계셨습니다. 2000년 어느 날 새벽, 술에 만취한 스무 살
청년이 몰던 승용차가 가게를 덮쳤습니다. 오두막이나 다름없이 허술하고
초라한 가게로 돌진한 승용차에 치어 시어머니가 숨을 거두셨습니다. 시아
버지는 두 다리를 크게 다치셨습니다.

사고를 낸 운전자는 다른 사람의 차를 무단으로 사용했고, 사고차량도
무보험 차량이었습니다. 당연히 보상받을 길이 막막했습니다. 이 사고로
객지에서 근근이 생계를 이어가던 우리 가족은 큰 위기를 겪게 되었습니
다. 한 가족의 장남이었던 남편은 이 사건으로 인한 정신적 상처 때문에 2
년여 동안 방황을 했습니다. 날이면 날마다 술로 상처를 달래면서 아무런
일도 할 수 없었습니다.

저는 어쩔 수 없는 상황에서 홀로 온 가족의 생계를 떠맡아야만 했습니

다. 하지만, 저 혼자서 특별히 할 수 있는 것이 없었습니다. 저는 사고에 대한 아픔과 두려움에 떨면서 그해 7월 시부모님이 하시던 구멍가게를 대신하게 되었습니다. 그러는 사이 시아버지는 2년여 동안 병원신세를 져야 했습니다. 홀로 가족의 생계를 떠안고 시아버지 병원비까지 책임진 상황에서 저는 고통스럽고 힘겨운 나날을 보내야만 했습니다.

대형 할인마트 앞에 속수무책인 작은 가게들

남편의 정신적 방황은 계속되었습니다. 남편은 시아버지의 병원비며 가족의 생계를 꾸려가는 일에 전혀 도움을 주지 못했습니다. 도리어 남편은 저에게서 술값이며 담배 값 등 심심찮게 용돈을 뜯어갔습니다. 제가 운영하는 작은 구멍가게가 저희 온 가족의 유일한 수입원이었습니다.

이 무렵에 여기저기 아무데서나, 심지어는 길거리에서도 신용카드가 발급 되었습니다. 저 역시 국민카드, 조흥카드, 삼성카드, LG카드, 외환카드 등 여러 개의 신용카드를 발급받아 사용하기 시작했습니다. 여러 개의 신용카드로 시아버지의 병원비며 물품대금을 번갈아 가며 결제하기도 했습니다. 입금일이 돌아오면 이리저리 돌려막기도 했습니다. 그러다가 점점 카드빚만 늘어나고 끝내 감당할 수 없는 지경이 되고 말았습니다.

그런 와중에 우리 집 구멍가게 앞에 대형 할인마트가 개점했습니다. 우리 구멍가게는 하루아침에 모든 손님을 빼앗겼습니다. 대형마트 앞에서 구멍가게는 '장사 속에서 장사가 된다'느니, '선의의 경쟁'이니 따위에 해당되지 않았습니다. 가게 앞에 대형마트가 들어서자마자 우리 구멍가게는 속절없이 문을 닫고 말았습니다. 우리 구멍가게뿐만이 아닙니다. 주변의 모든 가게들이 너나 할 것 없이 줄줄이 폐업을 하였습니다.

구멍가게를 그만 둔 후, 저는 이것저것 닥치는 대로 일용노동을 했습니다. 이 무렵, 저는 어린 막내아이를 홀로 남겨둔 채 돈벌이에만 매달릴 수 없었습니다. 더구나 시아버지는 병원에서 퇴원하고도 계속해서 통원치료를 받아야 했습니다. 그러한 상황에서 남편은 아직 제 정신을 차리지 못한 채 방황을 계속했습니다.

그러다보니 카드대금이나 병원비 대출 등 상환날짜가 다가오는 채무들을 갚기 위해 또 다른 대출을 받아야만 했습니다. 대추나무 연 걸리듯이 새마을금고, 캐피탈, 농협, 상호저축은행 등 제 2금융권 여기저기에서 채무를 지게 되었습니다.

다행히 남편도 조금씩 일용노동을 시작을 했습니다. 그러면서 저는 그럭저럭 생계를 꾸리며 조금씩이나마 빚을 갚아나갈 수 있었습니다. 이제야 비로소 미래의 작은 희망이라도 꿈꾸어 볼 수 있는 처지가 되었습니다.

그러던 중 어느 날인가부터 남편은 일을 하는데 필요하다며 친구에게서 대포차를 빌려서 끌고 다니기 시작했습니다. 남편은 정신적 방황이 완전히 치유되지 않은 상태에서 자주 음주운전을 하곤 했습니다. 그러다가 수차례나 음주운전으로 적발되었습니다. 그럴 때마다 남편은 많은 식구들의 생계를 책임지고 있다는 핑계로 구속을 벗어나곤 했습니다. 2005년 겨울 무렵, 남편은 다섯 번째 음주운전에 걸리면서 구속이 되고 말았습니다. 저는 여기저기 무료 변론단체를 찾아다니기도 하고 어린 자식들을 앞세워 탄원서를 내보기도 했습니다. 어찌되었든 저로서는 남편이 석방되어 조금이라도 가족의 생계에 도움이 되기를 간절히 바랄 수밖에 없었습니다. 그럼에도 남편은 수차례의 상습적인 음주운전 전과가 있었던 터라 1년 여의 감옥살이를 하게 되었습니다.

저희 가족의 고난에 대한 사회적 책임을 구하며

남편이 옥살이를 하는 동안 저와 가족들은 암담하고 처참한 상황으로 내몰렸습니다. 그렇게 절망적인 삶의 상황 속에 허덕이면서 저는 어찌 할 바를 몰랐습니다. 그러던 중 저는 한 친지의 귀띔으로 〈새벽〉의 상담활동을 알게 되었습니다. 〈새벽〉민생상담센터를 통하여 기초생활보장 수급자 신청을 안내받았습니다. 저는 지푸라기라도 잡는 심정으로 동사무소를 찾았습니다. 감사하게도 저희 가족은 국가의 생계보조를 받는 수급자가 될 수 있었습니다. 그러면서 저희 가족은 그 혹독한 절망의 수렁에서 살아남게 되었습니다.

남편도 1년여 감옥살이를 하고 출소했습니다. 이제 남편은 술을 끊고 열심히 일용 노동일을 하면서 작지만 나름의 소득을 올리고 있습니다. 저역시 어린 자녀들을 돌보면서 시간제 아르바이트로 작은 소득활동을 하고 있습니다. 그렇지만 아직 저희 가족은 국가의 생계보조를 받아야하는 처지를 벗어나지 못하고 있습니다.

이제, 앞으로 아이들이 커가면서 더 많은 교육비와 더 많은 생활비가 필요합니다. 저희 부부는 어린 네 자녀들을 위해 더 열심히 더 많이 일을 해야 합니다. 그런데 감당할 수 없는 많은 부채들이 저의 마음과 몸을 옥죄고 있습니다. 혹독하고 끈질긴 추심에 시달리면서 미래에 대한 희망과 용기를 상실한지 오래입니다.

이제 저는 〈새벽〉 상담센터의 도움을 받아 법원에 개인파산면책을 신청하려고 합니다. 저의 개인파산면책 신청을 통해 저와 저희 가족들이 미래의 행복을 꿈꿀 수 있게 되기를 고대합니다.

잡초처럼 끈질긴 삶의 행군

저는 고등학교를 졸업 한 후 경기도 안산에 있는 작은 회사에서 직장생활을 시작했습니다. 직장생활 중 배우자를 만나 결혼을 했고, 슬하에 1남 1녀의 자녀를 두었습니다. 저희 부부는 신혼 초부터 시어머니를 모시고 작은 빌라에서 함께 살았습니다. 그러다가 아이들이 태어나면서 더 큰 집이 필요해졌습니다. 저희 부부는 조금 무리를 해서라도 내 집을 마련하기로 마음먹었습니다. 그리고 IMF외환위기가 닥치기 직전 1997년 초에 매매가 8,500만원 아파트를 남편 명의로 구입했습니다. 그렇게 아파트를 매입하면서 저희 부부는 아파트에 설정된 저당권 은행채무 3,900만원을 계약 인수했습니다. 저희 부부는 어렵게 빚을 지고 아파트를 구입했지만 이자와 원금 분할 상환금 등에 큰 무리가 없었습니다. 도리어 일찍 내 집을 마련했다는 기쁨에 행복하기만 했습니다.

빚보증은 과중채무로 가는 길목

2000년 경, 신학대학을 졸업하고 목사안수를 받은 친정오빠가 교회를 개척하겠다고 나섰습니다. 친정오빠는 개척자금을 마련하기 위해 저에게 보증을 서달라고 요청했습니다. 그러면서 남편이 친정오빠의 8,000만원 은행

대출에 연대보증을 서게 되었습니다. 그러나 친정오빠의 개척교회는 초기부터 많은 어려움을 겪었습니다. 무슨 일이 있었는지 모르지만 친정오빠의 개척교회에 함께 참여하기로 했던 교우들이 모이지를 않았습니다. 친정오빠 개척교회의 경제적 어려움은 고스란히 저희 부부에게 전달되었습니다.

저희 부부는 아파트를 마련하느라 진 빚도 있고, 친정오빠에게 빚보증까지 서준 상황에서 여러 가지로 경제적 고민을 해야 했습니다. 남편은 직장생활로는 이 빚들을 갚아나가며 생활을 유지하기가 어렵겠다고 생각했습니다. 남편은 저에게 회사를 퇴직하고 퇴직금으로 자영업을 하자고 했습니다. 저 역시 이대로는 빚을 청산하지 못할 것이라는 위기감에 남편의 제안을 수용하기로 했습니다.

남편은 2000년 봄 회사를 퇴직하고 퇴직금 3,000만원을 수령했습니다. 하지만 남편의 퇴직금으로는 할 수 있는 것이 아무것도 없었습니다. 그 당시 남편은 직장생활 중에 국민카드, LG카드, 삼성카드, 하나BC카드 등을 발급받아 사용해오고 있었습니다. 저 역시도 하나카드, LG카드, 국민카드, 삼성카드 등을 사용해오고 있었습니다. 저희 부부는 각자 사용해오고 있던 신용카드로 현금서비스와 카드대출을 받아 4,000만원의 창업자금을 마련했습니다. 그리고 2000년 말, 저희 부부는 도심주변 주택가 상권지역에서 호프집을 열었습니다.

그러나 장사가 처음부터 잘되지 않았습니다. 다른 가게들은 그런대로 손님이 있는데 저희 가게에는 손님이 들지 않았습니다. 장사를 하면 할수록 적자가 났습니다. 나중에는 생활비는 고사하고 가게 운영비도 벌지 못하는 상황에 이르렀습니다. 저는 당장이라도 가게를 정리하는 것이 손해를 덜보는 것이라고 주장했습니다. 하지만, 남편은 조금만 더 버텨보자며 고집을 부렸습니다.

그러는 사이 카드빚이 눈덩이처럼 늘어났습니다. 저희 부부는 카드 돌려막기 등 갖은 방법을 동원했으나 결국 카드대금 연체를 막지 못했습니다. 결국 2002년 말, 저희 부부는 호프집을 정리했으나 수중에 남은 돈은 한 푼도 없었습니다.

이 무렵 친정오빠의 교회개척 자금에 대한 보증도 탈이 나고 말았습니다. 친정오빠는 이자마저 제대로 갚지 못했고 그 바람에 채무가 눈덩이처럼 불어났습니다. 그러한 상황에서 2002년 10월 근근이 장만한 남편 명의의 아파트가 경매로 날아가고 말았습니다. 살고 있던 아파트가 경매로 날아 가면서 저희 가족은 월셋집을 전전하며 살아야 했습니다. 그러는 과정에서 시어머니가 뇌출혈로 쓰러지셨고, 끝내 반신불수가 되셨습니다. 억지춘향으로 시누이가 시어머니를 모시게 되었습니다. 남편은 그로 인해 크게 마음의 고통을 겪었습니다.

잡초처럼 끈질긴 삶의 행군

남편은 호프집을 정리한 후 여러 유통회사를 전전하며 판매사원으로 일을 했습니다. 회사에서 물건을 받아 거래처에 판매를 하고, 물건 값을 수급해서 회사와 정산한 후 판매수당을 받았습니다. 하지만 거래처에서 수금이 생각대로 잘 되지 않았습니다. 미수금을 쌓아놓은 채 말도 없이 폐업을 하는 거래처로 인해 미수금을 떼이기도 했습니다. 열심히 일을 했지만 수입이 형편없었습니다. 유통회사 세 곳을 돌아가며 그 일을 했으나 도저히 생계를 유지할 수 없었습니다.

남편은 유통회사 판매사원 일을 그만두고 일용직 건축노동을 시작했습니다. 지금까지도 일용직 건축노동을 하고 있는데 계절노동의 특성상 월평균 소득이 100여 만 원을 넘지 못합니다.

저도 호프집을 정리한 후 길거리에서 양말을 파는 노점을 시작했습니다. 하지만, 소심한 성격으로 늘 장사가 어려웠습니다. 더군다나 아직 IMF

경제 한파가 가시지 않은 상황에서 너도 나도 노점상에 뛰어들다보니 점점 더 경쟁이 심해졌습니다. 시도 때도 없이 들이닥치는 단속반 때문에 하루에도 몇 번씩 짐을 쌓다 폈다 해야만 했습니다. 그러다보니 저의 벌이도 월평균 100만원을 넘지 못하고 있습니다.

저희 부부는 대학에 진학한 1남 1녀의 자녀들에게 등록금을 온전히 대준 적이 한 번도 없습니다. 두 자녀는 지금까지 학자금 융자를 받아가며 대학공부를 해왔습니다. 생각해 보면 대학을 졸업해도 온통 청년실업자들인데, 두 자녀가 사회에 나오자마자 빚 더미 위에서 인생을 시작하게 되지 않을까 걱정스럽기만 합니다.

건강한 경제활동에 나설 수 있도록

현재 저희 가족은 하루 벌어 하루 먹고 살기에도 힘이 부칩니다. 도저히 빚을 갚을 엄두를 내지 못합니다. 무엇보다도 비싼 이자로 빚이 너무 많이 늘어나서 도저히 갚을 길이 보이지 않습니다. 그런 가운데도 빚독촉이 끊이지 않으니 정말로 앞길이 막막하고 절망스럽습니다.

지금에 와서 생각해보면, 남편이 박봉이지만 정년이 될 때까지 직장생활을 하면서 어려움을 버텨야 되지 않았나 생각됩니다. 지금은 후회해도 소용없는 일입니다. 현재의 상황에서 저희 부부의 바람이 있다면 빚 없는 세상에서 건강하게 하루벌이라도 해가며 노후를 대비하는 것입니다. 나아가 두 자녀가 학업을 마치고 건강하게 각자의 삶을 살아가는 것입니다. 그래서 저희 부부는 부끄러운 마음을 접어두고 법원에 개인파산면책을 신청하였습니다.

저희 부부의 작은 바람들이 법적으로나 사회적으로나 너그러이 헤아려지기를 소망합니다. 이제라도 저희 부부가 감당할 수 없는 채무의 굴레에서 벗어나 건강하게 경제활동에 나설수 있기를 고대합니다.

IMF 고난의 행렬

김한수가명 씨는 전라도 시골 농가의 3남1녀 중 둘째로 태어났습니다. 부모님은 자기 땅이라곤 한 뙈기도 없는 소작농으로 농사를 지었습니다. 김한수 씨가 어렸을 때 아버지가 일찍 돌아가시는 바람에 가정형편은 더더욱 어려워졌습니다. 그 후 어머님은 힘든 농사일을 포기하시고 도회지로 나와 보따리 옷장사를 하시며 홀로 가정경제를 꾸리셨습니다. 그렇게 어머니는 무진 고생을 다하시며 김한수 씨 외 3형제 자매를 키우셨습니다.

그런데 안타깝게도 김한수 씨는 태어날 때부터 소아마비를 앓았습니다. 어머니는 김한수 씨가 평생 힘든 노동일을 할 수 없을 것이라고 여기셨답니다. 어떻게든 김한수 씨를 공부시켜야한다고 생각하셨습니다. 어머니는 어려운 가정형편 가운데서 김한수 씨를 실업전문대학에 입학시켜 공부를 하게 하셨습니다.

소아마비를 이기고 노동현장으로

김한수 씨는 전문대를 졸업한 후, 봉제업체에 입사하여 자재과에서 일을 했습니다. 김한수 씨는 나름대로 열심히 일을 했고 회사에서 인정받는 사원이 되었습니다. 배우자를 만나 결혼도 했습니다. 그러나 1990대에 들어서 봉제업계에 불황이 몰아치면서 다니던 회사가 폐업을 했습니다. 김한수 씨는 새로운 일자리를 찾아야 했습니다. 하지만, 몸을 주로 쓰지 않는 일자리를 찾다보니 쉽게 일자리를 얻을 수 없었습니다.

천신만고 끝에 김한수 씨는 광주에서 건설현장 사무소 일용직 총무로 일을 시작했습니다. 건설현장 사무소의 총무는 주로 건설현장의 인력을 관리하고 행정사무를 처리하는 직책이었습니다. 김한수 씨는 비록 일용직이었지만 월급도 꽤 받았고, 무엇보다도 몸을 쓰지 않아도 되었기에 별 무리 없이 일을 할 수 있었습니다.

건설현장 사무소에는 온갖 잡다한 사람들이 드나들었습니다. 김한수 씨는 그 시절 건설현장 사무소를 드나들며 신용카드 발급 영업을 하는 사람들을 만났습니다. 그들의 권유로 '삼성카드', '국민카드', 'LG카드' 등을 발급받아 사용하기 시작했습니다. 김한수 씨는 발급받은 신용카드로 생필품을 구입하거나 현금서비스를 통하여 긴급한 생활비를 충당하는 등 아주 요긴하게 사용했습니다.

그런데 김한수 씨 부부 사이에는 안타깝게도 아이가 생기지 않았습니다. 병원에서 알아보니 김한수 씨의 아내가 불임이었습니다. 아이도 생기지 않고 결혼생활이 적막해질 상황에서, 아내는 못다 한 대학공부를 하고 싶어 했습니다. 김한수 씨는 아내를 대학에 입학시키고 공부를 하도록 했습니다.

IMF 고난의 행렬

그러던 1997년, IMF경제 한파가 몰아쳤습니다. 맨 먼저 건설업체들이 IMF경제 한파의 직격탄을 맞았습니다. 김한수 씨가 일하던 건설현장 사무소도 파산을 했습니다. 김한수 씨는 하루아침에 일자리를 잃었고, 실업자

신세가 되었습니다.

일자리를 잃고 생계가 막막해지면서 정부의 지원이라도 받을까 싶어 그동안 미루어왔던 장애인 등록을 했습니다. 하지만 정부로부터 아무런 지원도 받을 길이 없었습니다. 김한수 씨는 급한 김에 누구나 쉽게 할 수 있는 보험영업을 시작했습니다. 하지만 아는 사람도 많지 않고 장애인이라서 영업활동 능력도 떨어지다 보니 실적이 오르지 않았습니다. 그러자 보험회사는 6개여 월 만에 실적이 빈약하다며 그에게 보험영업을 그만두라고 종용했습니다.

IMF 이후, 김한수 씨는 일자리를 잃고 취업도 되지 않는 가운데 신용카드를 이용하여 생활을 유지해야 했습니다. 신용카드로 여러 가지 생필품을 구입하였고, 본인의 의료비와 배우자 대학등록금 등 필요한 생활비를 신용카드 현금서비스를 받아 충당했습니다. 그러면서 월말이면 한없이 불어난 카드대금을 막느라 곤욕을 치렀습니다. 나중에는 여러 개의 신용카드로 돌려 막기를 했습니다.

그러는 와중에 배우자는 대학을 졸업하고 아파트관리사 자격을 땄습니다. 얼마 후 배우자는 아파트 관리소장으로 취업을 했습니다. 그러면서 배우자가 가정의 생계를 책임졌습니다. 그 덕에 김한수 씨는 가정생계에서 놓여나게 되었습니다. 조금씩 아르바이트를 하며 그동안 밀린 카드빚의 이자를 갚아 나갔고 겨우겨우 신용불량자신세를 면할 수 있었습니다.

빚은 이혼을 부르고

그러던 어느 날, 김한수 씨의 배우자가 김한수 씨에게 이혼을 요구했습니다. 김한수 씨는 참으로 어처구니가 없어서 할 말을 잃고 말았습니다. 하지만 배우자가 마음먹고 이혼을 요구한 이상 더 다투어 보아야 감정만 상할 것이 뻔했습니다. 무엇보다도 배우자와의 이혼 다툼 중에 입게 될 인격과 자존심의 상처를 걱정했습니다. 김한수 씨는 배우자의 요구에 따라 합의이혼을 허락했습니다. 배우자는 김한수 씨에게 위자료라며 2,000여만 원을 건네주었습니다. 김한수 씨는 그 돈 모두를 일부 밀린 카드대금을 결제하는 데 사용했습니다.

배우자에게 이혼을 당한 후, 김한수 씨는 배신감과 절망감으로 인해 심한 마음의 충격을 받았습니다. 김한수 씨는 아무도 아는 사람이 없는 곳으로 가서 홀로 살아야겠다고 마음먹고 무작정 발길 닿는 대로 길을 나섰습니다. 그렇게 정처 없이 떠돌다가 2005년 봄이 되어, 충청도 어느 시골 읍에 정착하였습니다.

하지만, 이미 김한수 씨는 몸도 마음도 깊이 병들어 있었습니다. 태어날 때부터 소아마비였고, 과거 건설현장 사무소 총무 일을 보면서 높은 곳에서 떨어지는 목재에 어깨를 맞아 다치는 사고를 당한 적이 있습니다. 2005년 겨울 그 사고의 후유증이 재발해 몸을 움직이지 못하는 처지가 되었습니다. 김한수 씨는 살길이 없어서 읍사무소에 찾아가 사정을 이야기했습니다. 2006년 초, 김한수 씨는 기초생활보장 수급자로 선정되었습니다. 그 이후로, 김한수 씨는 조금씩 이자나마 꾸준히 변제해오던 카드빚을 더 이상 갚지 못하게 되는 상황에 이르렀습니다.

빚더미에서 해방되기를 학수고대하며

현재, 김한수 씨는 3급 지체장애인으로서 기초생활보장 수급자입니다. 2010년에는 뇌졸중으로 쓰러져 하반신 마비에다가 언어장애마저 겹쳤습니다. 월 소득은 장애연금 40,000원과 기초생활보장 생계비 480,000원 등 모두 합쳐 520,000원이 전부입니다. 살고 있는 집은 일년에 100만원 내는 시골농가 뒷방입니다.

그러한 와중에도 하루가 멀다 하고 법적조치 예정이니, 압류 예정이니

하는 빚독촉장이 끊이지 않고 날아들고 있습니다. 전화며 문자며 극심한 빚독촉이 끊이지를 않으니 그저 하루하루 사는 것이 고통스럽고 절망스럽기만 합니다. 그럼에도 김한수 씨는 오늘 하루의 삶에 최선을 다하며 미래의 희망을 잃지 않으려고 노력합니다. 할 수 있는 만큼 지역사회를 위한 봉사활동에도 최선을 다해 참여하고 있습니다.

그러던 중 김한수 씨는 이웃의 안내로 〈새벽〉 상담센터를 방문할 수 있게 되었고 〈새벽〉의 도움을 받아 개인파산면책을 신청할 수 있었습니다. 지금, 김한수 씨는 단 하루라도 빚 없는 세상에서 이웃들과 어울려 보람 있는 삶을 살 수 있는 날을 소망합니다.

이 땅의 가난뱅이들, 다 모여라!

IMF 외환위기 이후, 이 땅의 서민들의 삶이 참 많이 달라졌습니다. 우리는 지난 시절 너도나도 중산층이었습니다. 그런데 IMF 이후, 우리는 모두 가난뱅이가 되고 말았습니다. 왜 그렇게 되었을까요?

한마디로 우리 사회가 무지막지한 투기금융자본 경제체제로 편입되었기 때문입니다. IMF 이후, 한국정부는 IMF로부터 국제투기금융 자본활동에 대한 모든 규제 철폐를 요구받았고, 흔쾌히 이를 수용했습니다. 그 일례로, 한국정부는 신용카드 규제를 없애고 이자제한법을 폐지했습니다. 우리 모두가 생생히 기억하고 있는 바와 같이 길거리에서 어디에서든 온갖 선물공세와 함께 신용카드가 남발되었습니다. "무이자~무이자~" 아름다운 무희들의 유혹 속에서 카지노 금융자본들의 200%가 넘는 고금리가 횡행했습니다. 이러한 가운데 서민들의 삶은 만신창이가 되고 말았습니다.

이처럼 IMF 이후, 투기금융자본 세상에서의 불평등과 양극화와 빈곤의 심화는 우리 모두가 일상적으로 경험하고 있는 현실입니다.

생계형 가계부채를 탕감하라!

IMF 이후, 한국정부는 미소금융재단, 보금자리주택, 취업 후 학자금 융자 상환제도 등 친親 서민정책들을 쏟아내고 있습니다. 그러나 이름만 서민정책일 뿐, 빈곤층의 삶의 권리가 철저하게 무시되고 있습니다.

일례로, 미소금융재단은 830만 저소득·금융소외 계층에겐 그림의 떡입니다. 정부가 정해놓은 운용지침으로 볼 때, 미소금융재단은 변제능력이 확실한 계층을 염두에 두고 있을 뿐입니다. 300만원, 500만원 소액대출마저도 버거워 보일 수밖에 없는 빈곤층은 철저히 배제되어 있습니다. 또한 개인파산면책을 경험한 이들은 아예 지원 대상에서 빠져 있는 상황입니다.

나아가 현재의 금융채무 불이행자들을 위한 다양한 신용회복정책들도 원금 탕감은 언감생심일 뿐, 한길같이 채무변제만을 강요하고 있습니다.

이렇게, 정부가 이름뿐인 서민금융 정책들을 남발하는 이유는 무엇일까요? 그것은 금융채무□의 문제를 IMF 이후 노골화 된 투기금융자본 세상의 불평등과 양극화와 빈곤의 문제로 바라보지 못하는 낡은 사회인식 때문입니다. 정부의 이러한 인식으로 말미암아, 법으로 보장된 개인파산면책 제도를 이용하려는 과중채무자들에게 '도덕적 해이자'라는 투기금융자본 세상의 주홍글씨가 덧씌워지고 있습니다.

실제로, IMF 이후 지금까지 투기금융자본들은 830만 저소득·금융소외 계층을 '도덕적 해이자'라고 윽박지르며 무자비한 고금리의 덫을 놓아 채무변제를 강요해왔습니다. 그 결과 우리 사회의 830만 저소득·금융소외 계층은 "10등 국민"이라는 오명을 뒤집어쓴 채, 하루하루를 생존위기 속에서 살아오고 있습니다.

이러한 시대적 상황 속에서 정부는 '금융채무 불이행자' 숫자가 줄어들고 있다며, 정부의 저소득·금융소외 계층 지원책이 성공을 거두고 있다고 떠들어댑니다. 하지만 이는 개인워크아웃, 프리워크아웃, 국민행복기금 등, "무슨 짓을 해서든 빚은 갚아라"는 강요에 의한 일시적인 현상일 뿐입니다. 이 제도들은 비인간적인 생계를 강요당하며 무려 8년 동안이나 채무를 변제해야만 하는 사적 신용회복 제도들입니다.

정부가 앞장서서 이 제도들을 홍보하고 있지만, 이러한 제도들은 신용회복지원이 아니라 또 하나의 빚독촉 행태일 뿐입니다. 실제로, 대부분의 과중채무자들이 8년 동안의 채무변제기간 동안 중도탈락하는 등, 이미 신용회복 지원정책으로서 그 실효성을 상실한 지 오래입니다.

한편으로 그나마 유일한 법적 채무탕감 제도인 개인파산면책 및 회생제도마저 보수화의 길을 가고 있습니다. 법원은 IMF 이후 개인파산면책 신청자가 늘어나자 내부업무 처리방침을 마련하여 개인파산면책 신청의 장벽을 높이 쌓아 올렸습니다. 그 결과 다른 나라의 경우 세계금융 경제위기 속에서 파산신청률이 크게 증가했음에도 불구하고, 이례적으로 한국만은 개인파산면책신청률이 감소세로 돌아섰습니다.

이 땅의 가난뱅이들, 다 모여라!

이제 오늘, 우리 사회의 과중채무자들은 도덕적 해이자가 아닙니다. 오히려 카지노은 금융자본세상의 최대 피해자입니다. 날로 증가하는 금융채무와 금융채무불이행자 문제의 본질은 카지노 금융자본 세상의 불평등, 양극화, 빈곤의 문제와 다름 아니기 때문입니다.

실제로, 우리 사회의 830만 저소득·금융소외 계층은 카지노 금융자본 세상의 무자비한 영업행태와 고금리로 인해 일상적 생존위협에 처해 있습니다. 정부가 카지노 금융자본들에게 다른 나라들의 10%대 이자율에 비해 서너 배에 달하는 30%~40%의 고리채를 보장하고 있기 때문입니다. 이로써 카지노 금융자본 세상의 불평등과 양극화와 빈곤에 허덕이는 830만 저소득·금융소외 계층의 삶은 투기금융자본들의 고리채에 속절없이 휘둘리고 있습니다.

그러나 이제, 우리는 카지노 금융자본 세상에게 빼앗긴 우리의 삶의 권리를 되찾아 당당하고 인간다운 삶을 누릴 수 있어야 합니다. 그러기 위해서, 이제 우리는 카지노금융자본세상의 불평등과 양극화와 빈곤의 또 다른 얼굴로써 "금융채무의 사회적 책임"을 외쳐야 합니다.

자, 이제! IMF 이후 지금까지 카지노 금융자본의 횡포에 떨며 숨죽였던 이 땅의 모든 가난뱅이들이여! 다 모여라! 1% 맘몬자본의 사익을 위하여 99%의 삶을 희생해야만 하는 승자독식 카지노금융자본경제에 대하여 분노하라! 저항하라! 새로운 세상에 참여하라!"

5부 · 새로운 출발

파산면책 이후 사회적 낙인을 극복하고
재기를 꿈꾸는 이들의 목소리

인생의 역경을 딛고 서다

김옥임가명 씨는 청주에서 2남 3녀 중 장녀로 태어났습니다. 그의 부모님은 평소에 늘 부지런히 일하시며 성실하게 삶을 사시는 분들이셨습니다. 김옥임 씨 역시도 부모님의 영향을 받아 매사에 꼼꼼하고 성실하게 일하는 성품으로 자랐습니다.

하지만, 김옥임 씨는 여고를 졸업한 후 20대 초반에 배우자를 만나고 성급한 결혼을 선택하면서 불행한 삶이 시작되었습니다. 김옥임 씨의 배우자는 알콜중독자로써 결혼 초부터 주벽과 폭행이 심했습니다. 거기에다 노름까지 했습니다. 결국 2년여 만에 김옥임 씨의 결혼생활은 파탄에 이르고 말았습니다.

이혼 후 어린 자식을 데리고 이것저것 닥치는 대로 일을 하면서 생계를 꾸리다보니 생활이 너무도 고되었습니다. 31살 되던 해에 김옥임 씨는 친구의 소개로 두 번째 배우자를 만났습니다. 그녀는 많은 고민 끝에 재혼을 하기로 결정을 했습니다.

두 번째 결혼생활은 사글세방에서 무일푼으로 시작되었습니다. 김옥임 씨는 두 번째 결혼생활에 최선을 다해 살기로 결심했고, 우유판촉, 식당일, 파출부 등 억척같이 일을 했습니다. 그 결과 조금씩이나마 돈을 모을 수 있었습니다. 그러자 배우자는 사업을 해야겠다며 사업자금 마련을 요구하기 시작했습니다. 김옥임 씨는 할 수 없이 지금까지 저축한 돈 2천만 원, 지인들에게 빌린 돈 2천만 원, 친정집을 담보로 새마을금고에서 대출받은 3천만 원 등 총 7천만 원을 사업자금으로 내어놓았습니다. 1994년, 배우자는 그 돈으로 음식점을 열었습니다.

김옥임 씨도 배우자를 도와 함께 일을 했습니다. 김옥임 씨 부부는 열심히 일을 했고, 영업도 순조로웠으며, 가정도 평화로웠습니다. 그러나 살림이 나아지면서 배우자는 자기 아이를 낳지 않는다고 트집을 잡기 시작했습니다. 그러면서 부부싸움도 잦아졌습니다.

다행스럽게도 김옥임 씨가 37살 되던 해에 둘째 아이를 임신하게 되었습니다. 자연스럽게 배우자 홀로 음식점을 운영하게 되었습니다. 배우자는 다른 두 명의 투자자를 끌어들여 더 큰 음식점을 개업했습니다. 이후 배우자는 자기 마음대로 큰 돈을 쓰기 시작했습니다. 자주 외박을 하고 술을 마시며 노름을 하는 등 가정에 불성실하기 시작했습니다. 그러는 중에 음식점 영업도 어려워졌습니다. 거기에다 IMF 경제 한파까지 겹치자 상황은 걷잡을 수 없이 악화되었습니다.

사실 그 음식점은 배우자 명의의 사업이었지만, 아이를 갖기 전까지 부부가 함께 일구어 낸 음식점이었습니다. 김옥임 씨는 늦은 나이에 임신을 해서 만삭이 되었고 체력마저 약해진 터라 도저히 배우자의 음식점 경영을 통제할 수 없었습니다. 이미 한 번 결혼에 실패한 김옥임 씨로서는 두 번째 결혼생활마저 실패할 수 없었습니다. 가정에서 마음이 떠난 배우자였지만 붙잡고 따져도 보고 사정도 하는 등 온갖 노력을 기울였습니다. 그러나 배우자는 끝내 마음을 잡지 못했습니다.

가정과 사업에 불성실한 배우자로 인해 김옥임 씨는 임신 내내 심한 스트레스를 받았습니다. 그로 인해 김옥임 씨는 출산 직후 지독한 홍콩독감에 걸렸고 곧바로 천식이라는 합병증을 얻었습니다. 그 후 김옥임 씨는 2년여 지옥 같은 투병생활을 했습니다. 김옥임 씨는 가래와 기침이 들끓는 천식환자의 몸으로 갓난아이를 돌보아야만 했습니다. 그러한 상황 속에서도 배우자는 가정을 내팽개친 채 나몰라라 했습니다. 그러더니 1999년 무렵, 배우자는 사업을 부도내고 행방불명이 되었습니다.

배우자로 인해 신용불량가 되어

2000년에 들어, 그 동안 집을 나가 있던 배우자가 잘못을 빌며 되돌아왔습니다. 김옥임 씨는 도저히 배우자를 용서할 수 없었습니다. 그러나 그녀는 이미 한 번 결혼에 실패했었던 터라 두 번은 실패하기 싫었습니다. 김옥임 씨는 배우자가 한없이 미웠지만 가정을 지키고 새롭게 시작하겠다고 마음먹고 배우자를 받아들였습니다.

얼마 후 배우자는 다른 대도시에서 새롭게 사업을 시작하겠다며 돈을 요구하기 시작했습니다. 김옥임 씨는 안 된다고 거절했습니다. 배우자는 날마다 김옥임 씨를 억압하며 집요하게 사업자금을 요구했습니다. 김옥임 씨는 어떻게든 결혼생활과 가정을 지키려고 안간힘을 썼습니다. 그러기 위해서는 배우자의 집요한 요구에 응해 또 다시 배우자의 사업자금을 마련해 줄 수밖에 없었습니다.

그때까지만 해도 김옥임 씨는 신용상태가 양호했습니다. 김옥임 씨는 우리카드와 국민BC 등 신용카드 현금서비스와 카드대출, 국민은행 등 소액 신용대출을 통하여 여러 차례에 거쳐 배우자의 사업자금 및 가게 운영자금을 마련해 주었습니다.

배우자는 이 돈으로 광주에서 다시 음식점을 시작했습니다. 그 무렵 배우자가 못미더웠던 김옥임 씨는 배우자의 음식점 영업을 돌보기 위해 조리사 면허를 취득했습니다. 그리고 자녀들이 있는 청주 집과 광주를 오가며 배우자의 음식점을 돌보았습니다. 김옥임 씨는 고춧가루가 날리는 등 조금만 공기가 나빠도 가래가 끓어올랐기에 항상 마스크를 쓰고 일을 해야 했습니다. 종종 마스크를 쓴 채 병원응급실에 실려가게 되는 경우도 발생했습니다.

그러다보니 김옥임 씨는 배우자의 음식점에서 해야 할 일이 별로 없었습니다. 배우자는 다른 몇몇 투자자를 끌어들여 동업을 하는 처지였고 배우자의 동업자들은 김옥임 씨가 음식점에 간섭하는 것을 싫어했습니다. 배우자는 다시 옛 생활습관으로 돌아갔고 결국 음식점도 어려워지게 되었습니다.

그러던 어느 날 배우자는 아이들을 돌보며 살림집에 머물고 있는 김옥임 씨에게 광주음식점으로 내려오라고 요청했습니다. 할 수 없이 김옥임 씨는 광주로 내려갔습니다. 배우자는 이미 기울어진 음식점을 내팽개친 채 행방을 알 수 없는 상황이었습니다. 하지만, 김옥임 씨는 어린 자녀들을 두고 혼자 음식점을 운영할 수 없습니다. 할 수 없이 음식점을 월세로 내주었습니다. 그해 여름 세입자가 음식점이 침수되어서 영업 손실을 입었다며 손해배상 청구소송을 걸어 왔습니다. 김옥임 씨는 음식점 문을 제대로 열지도 못한 채 1년여 동안 소송에 매달려야 했습니다. 다행히 소송에서 승소를 하였으나 1년여의 소송기간 동안의 밀린 월세와 종업원 월급 등으로 인해 많은 부채를 지게 되었습니다. 하는 수 없이 음식점을 정리했으나 갚지 못한 부채들이 고스란히 김옥임 씨의 몫으로 남았습니다.

일과 투병생활을 병행하며

그러는 와중에 당뇨와 고혈압으로 고생하시던 친정아버지께서 중풍으로 쓰러지셨습니다. 하지만, 부모님들도 여러 차례 김옥임 씨 모르게 배우자의 사업자금을 융통해 주시느라 병원비마저 남아 있지 않았습니다. 할 수 없이 김옥임 씨는 신용카드 대출로 아버지의 병원비를 충당해야 했습니다. 그러나 아무런 보람도 없이 2002년 10월 친정아버지는 세상을 뜨셨습니다.

김옥임 씨는 이혼소송을 통하여 배우자와 두 번째 이혼을 했습니다, 배우자의 사업실패 때문에 많은 빚을 떠안게 된 김옥임 씨는 신용불량자가 되어 은행거래를 할 수 없었습니다. 제대로 된 직장도 얻을 수도 없는 처지였습니다. 그런데다가 알레르기 천식과 함께 저혈압과 빈혈 등 여러 질환들로 힘든 투병생활을 해야만 했습니다.

김옥임 씨는 두 아이와 함께 어떻게든 생계를 유지해야겠기에 음식점의 주방보조로 들어갔습니다. 그러나 얼마 못가서 천식 질환 때문에 쫓겨나고 말았습니다. 그러던 중 김옥임 씨는 지역자활센터의 자활프로그램에 지원하였습니다. 다행스럽게도 김옥임 씨는 지역자활센터가 운영하는 자활사업단에 참여하게 되었고 2년여 동안 팀장으로 일을 했습니다.

김옥임 씨는 자활사업단에서 일을 하면서 겨우겨우 이자를 갚으며 아이들과 함께 생활할 수 있었습니다. 그러나 또다시 천식이 심해지면서 더 이상 자활사업단에서 일을 할 수 없게 되었습니다. 할 수 없이 김옥임 씨는 2003년 10월 자활사업단에서 퇴직하고 말았습니다.

다행히도 김옥임 씨의 어려운 사정을 잘 알고 있던 지역자활센터에서 김옥임 씨에게 기초생활보장 수급자가 되는 길을 안내해 주었습니다. 김옥임 씨는 지역자활센터의 도움을 받아 수급신청을 하게 되었고, 지금까지 기초생활보장 수급자로 살아오고 있습니다.

역경을 헤치고 새로운 미래를 꿈꾸며

김옥임 씨는 기초생활보장 수급자로 살면서 얼마간의 요양을 할 수 있게 되었습니다. 그러면서 서서히 건강을 회복하고 있는 중입니다. 그러나 조금이라도 힘든 일은 엄두도 낼 수 없는 처지입니다. 그러는 중에도 수시로 이어지는 빚독촉 때문에 하루하루를 절망 가운데 살아가고 있습니다.

물론, 김옥임 씨는 아직 미래의 희망을 버리지 않고 있습니다. 김옥임 씨는 자신의 건강이 회복되기만 하면 빈곤과 부채를 벗어던지고 두 아이를 훌륭하게 키울 수 있을 것이라고 믿습니다. 새로운 미래를 준비하는 과정으로 김옥임 씨는 디지털대학에 입학하여 공부를 하고 있습니다. 또한 빚 없는 세상에서 새로운 출발선 상에 서기 위하여 법원에 개인파산면책을 신청하고 법원의 결정을 기다리고 있습니다.

현재, 김옥임 씨는 법원의 파산면책결정을 받아 미래의 새로운 출발 선상에 섰습니다. 지금은 디지털대학을 졸업하고 학사학위도 취득했습니다. 이미 장년의 나이에 접어든 그녀이지만 의기양양한 새로운 출발과 그 당당한 인생의 성과를 기대합니다.

알콜의존 증후군은 불치의 병인가?

저는 충남 바닷가 마을에서 가난한 어부의 2남 2녀 중 막내로 태어 났습니다. 아버지는 뱃일을 하시면서 한 두 달 만에 집에 들어오 시곤 했는데 생활비를 제 때 주지 못했습니다. 그러다보니 어머니와 누나 들은 갯벌 일을 나가 생활비를 보탰고, 형님도 겨우 초등학교를 졸업한 후 서울로 올라가 공장에 취업을 해야만 했습니다.

제가 초등학교 들어갈 무렵, 아버지께서 연탄가스 질식으로 배 안에서 돌아가셨습니다. 어머니는 그 일로 충격을 받으셔서 심한 우울증을 앓게 되었습니다. 어머니는 우울증을 이기지 못하시고 한 잔 두 잔 술을 드시기 시작하셨습니다. 어머니는 날마다 소주 두 세 병을 드실 만큼 깊은 술중독 에 빠지고 말았습니다. 제가 중학생이 되던 해에 어머니는 술중독에 의한 여러 질환이 깊어져 세상을 뜨셨습니다. 저는 오랫동안 어머니와 단둘이 생활해 왔던 터라 어머니의 죽음으로 큰 정신적 충격을 받았습니다.

어머니가 돌아가신 후 형님은 저를 서울로 불러올렸습니다. 저는 정신 을 차리고 다시 학업에 열중했습니다. 그리고 1992년 공대 전기공학과를 졸업했습니다. 대학을 졸업을 하자마자 대기업에 입사했습니다. 직장생활 중에 배우자를 만나 결혼도 하고 슬하에 아들 하나를 두었습니다. 대기업에서 안정된 직장생활을 하며 가정경제도 안정되었고 행복했습니다.

그러나 제 안에 '알콜의존 증후군'이라는 불행의 씨앗이 자라고 있었다는 것을 모르고 있었습니다. 저는 직장생활을 시작하면서 대학시절 종종 필름이 끊기던 음주 경험을 생각하며 술을 자제하려고 노력했습니다. 하지만 회사에서 받는 스트레스를 해소하기 위해 점점 더 술을 가까이 하였습니다. 가끔씩 회사의 회식자리에서 과음을 하고 필름이 끊기는 일이 발생했습니다. 그러다가 필름이 끊긴 상태에서 동료들에게 행패를 부리고, 저를 말리던 직속상사의 얼굴을 주먹으로 때리는 사고를 저지르고 말았습니다. 그 일로 저는 1994년 말 회사를 그만두게 되었습니다.

직장을 그만두자 아내는 공부를 더 해보라고 권유했습니다. 저 역시 '카이스트'에 진학해서 공부를 더 해보고 싶었습니다. 저는 3개월여 독서실을 다니며 공부에 열중했습니다. 그러나 어느 날 집에서 삼겹살을 구워 먹으며 소주 한 병을 마시면서부터 저는 다시 술독에 빠지고 말았습니다. 도서실을 나간다는 핑계로 밖에 나가 날마다 술을 마셨습니다. 이 무렵부터 저는 과음하거나 필름이 끊길 때마다 아내를 괴롭히고 살림살이 등을 파손하기 시작했습니다. 이대로는 안 되겠다 싶어 직장을 찾기 시작했습니다. 그리고 우연히 신문광고를 보고 '기업기술연구원'에 입사시험을 쳐서 합격했습니다.

저의 두 번째 직장생활도 순탄치만은 않았습니다. 직장에 출근해보니 다른 직원들은 모두 석·박사인데 저만 학사 출신이었습니다. 그러다보니 다른 직원들이나 상사의 뒤치다꺼리나 하고 눈치나 살피는 처지가 되었습니다. 저는 직장에서 받는 스트레스로 수면장애에 시달리기 시작했습니다. 잠이라도 편히 자야겠다 싶어 다시 술을 마시기 시작했습니다. 그러면서도 첫 번째 직장에서와 같은 실수를 범하지 않으려고 노력했습니다. 그러나 과음하는 날에는 집에 들어와 아내를 괴롭히고 손찌검을 하는 일이 벌어지곤 했습니다.

그러던 어느 날, 술을 마시고 집에 들어와 아내를 심하게 괴롭히고는 집을 나와 외박을 했습니다. 이튿날 아내는 제가 다른 여자와 외도를 한 사실을 알고는 약을 먹고 자살을 시도했습니다. 다행히도 아내의 자살시도가 일찍 발견되어 병원에서 응급치료를 받고 생명을 건질 수 있었습니다. 이렇게 저의 음주가 저와 저의 가정을 서서히 파괴하기 시작했습니다. 그런데다가 직장생활마저 엉망이 되어가고 있었습니다. 직장생활에서의 불안과 초초는 이제는 만성이 되었고 그에 따른 수면장애도 점점 더 깊어져갔습니다. 제 때에 진급하지 못하는 열등감으로 우울증마저 생겨났습니다. 저 자신에게는 술이 모든 것의 해결책이 되고 말았습니다.

술중독으로 아슬아슬하게 이어간 삶

그 무렵 제가 일하던 회사는 1997년 IMF 경제위기를 넘기지 못하고 수많은 계열사들이 구조조정되거나 해체되었습니다. 저의 두 번째 직장이었던 기업기술원에도 구조조정의 칼바람이 불어왔습니다. 저는 첫 번째 구조조정 대상에 올랐고 2000년 10월 정리해고되고 말았습니다.

퇴직 후 할 일 없이 술로 세월을 보내다가, 아내와 함께 전자제품 가게를 열자고 합의했습니다. 저는 회사가족 우대분양에 당첨되어 장만했던 아파트를 팔아서 사업자금을 마련했습니다. 그리고 2001년 봄 세운전자상가에 가게를 열었습니다. 하지만 전기공학이 전공이었던 저에게도 전자제품 장사는 쉬운 일이 아니었습니다. 이미 IMF이후 세운상가 전자제품 가게들이 찬바람을 맞고 있는 터였습니다. 처음에 몇 달은 그럭저럭 가게운영의 수지타산을 맞추어 나갈 수 있었으나 날이 갈수록 영업이 시들해져 갔습니다. 저는 점점 불안과 초조에 휩싸였고 다시 수면장애와 우울증이 재발했습니다. 그러면서 다시 술로 도피하기 시작했습니다. 다시 과음을 하고는 아내를 학대하거나 살림살이를 때려 부수는 일이 반복되었습니다.

견디다 못한 아내는 저에게 이혼을 요구했고, 저희 부부는 2001년 11월 가정법원에 최종이혼 확정을 받기 위해 출두하였습니다. 저는 가정법원에서 순서를 기다리는 동안 아내에게 저의 잘못을 사과했습니다. 그리고 정신병원에 입원치료를 받고서라도 술병을 고치겠노라고 약속했습니다. 아내는 저의 호소와 사과 약속을 믿고 이혼신청을 철회했습니다.

그렇게 해서 저는 '신경정신과 병원'에서 술중독과 우울증, 그리고 수면장애 치료를 시작했습니다. 그 이후로 2009년까지 그 병원의 약 처방을 받아 왔습니다. 하지만, 여전히 술을 절제하지 못했습니다. 병원 약을 먹으면 잠을 잘 수는 있었으나 낮이 되면 여전히 불안과 초초감에 휩싸여 술을 마시곤 했습니다. 나중에는 저녁이 되어 집에 돌아와서도 술을 마시게 되었습니다.

그러는 사이 가게도 영업이 잘 되지 않았고, 세운전자상가 전체의 영업전망도 나아지지 않았습니다. 저는 더 이상 가게를 운영할 여력이 없어서 점포계약 만료일인 2002년 8월 전자제품 가게를 그만 두었습니다.

가게를 그만 둔 후, 저는 여기저기에 이력서를 내보았으나 쉽게 취업이 되지 않았습니다. 그러다가 2003년 2월, 전에 직장에서 모시던 상사분이 중역으로 근무하는 충청지역의 한 중소기업에 취업이 되었습니다. 그러면서 저의 가족도 함께 충청도로 이주하게 되었습니다.

저는 세 번째 직장에 출근하면서 퇴근 후에만 술을 마시기로 결심했습니다. 하지만, 얼마 못가서 점심시간에 몰래 술을 마시고 근무를 하곤 했습니다. 술 먹은 티를 내지 않으려고 했지만, 저의 음주문제가 사장님에게까지 보고되고 말았습니다. 이후 저는 입사 2개월 만에 권고사직을 당해야만 했습니다.

지난한 술과의 싸움

회사에서 쫓겨난 후, 저의 형편을 알게 된 한 이웃분이 복지관에서 운영하는 '알콜상담센터'를 소개했습니다. 저는 아내의 손에 이끌려 알콜상담센터를 방문하였습니다. 담당 사회복지사와 상담과정에서 제가 심각한 '알콜의존 증후군' 환자라는 것을 알았습니다. 저는 '알콜상담센터'의 단주 교육프로그램에 참여하기로 했습니다. 단주 교육프로그램에 참여하면서 놀랍게도 4개월 동안이나 단 한 방울의 술도 입에 대지 않을 수 있었습니다. 저는 술을 끊을 수 있다는 자신감으로 충만했습니다.

그 무렵, 저는 아는 사람으로부터 직장을 소개 받고 면접을 치렀습니다. 그리고 합격통지도 받았습니다. 저는 센터의 사회복지사와 직장문제를 상담했습니다. 센터에서는 저에게 20년 동안 단주생활을 해 오신 분을 만나 상담해 보라고 권유했습니다. 그 분은 저에게 아직 단주할 준비가 안 되었으니 2년 정도 더 센터의 단주교육프로그램에 참여하며 훈련을 받으라고 조언했습니다.

그러나 저는 단주할 자신이 생겼을 뿐만 아니라, 직장도 얻었으니 일을 하는 것이 옳다고 여겼습니다. 저는 2003년 12월부터 경기도에 있는 회사에 출근을 시작했고 주말부부 생활을 시작했습니다. 그리고 어느 정도 직장생활이 안정되면서 주말부부 생활을 정리하기로 했습니다. 저는 2004년 4월 국민은행에서 전세자금 2천 5백만 원을 융자받고, 살고 있던 아파트 전세금을 보태서 5천만 원을 마련했습니다. 그리고 경기도 지방도시에 전세아파트를 얻어 가족이 함께 이사를 했습니다.

저는 네 번째 직장에 입사한 후 열심히 일을 했습니다. 제게 맡겨진 '프로젝트'를 2년 만에 성공적으로 끝마쳤습니다. 저는 업무능력을 인정받게 되었고 또 다른 프로젝트도 맡을 수 있었습니다. 그러면서 단 한 방울의 술도 입에 대지 않았고 점차 제 자신이 '알콜의존 증후군' 환자라는 사실도 잊어버리게 되었습니다.

그 무렵 살고 있던 아파트 전세계약 갱신을 하게 되었는데 집주인이 터무니없는 전세금 인상을 요구했습니다. 저희 부부는 전세가를 올려주느니보다 차라리 이참에 내 집을 마련하기로 결정했습니다. 마침, 같은 아파트 단지 내에 매매가 1억 500만원의 25평형 급매물이 나와 있어서, 집 계약을 하였습니다. 그렇게 내 집 마련을 하면서 많은 은행대출을 받았습니다.

또한, 그 무렵 출퇴근용 차량 마티즈가 너무 낡아서 교체해야만 했습니다. 그러면서 소나타를 할부로 구입했습니다. 이렇게 저는 내 집 마련대출금 상환과 자동차 할부금까지 매달 180만원씩 부채를 상환해야했습니다. 그러다보니 제 직장월급만으로는 감당이 어려운 상황에 몰리고 말았습니다.

그러던 차에 시골에서 농사를 지으시던 장인어른께서 심장질환으로 병원에 입원하셨습니다. 장모님은 그해 농사가 흉작이어서 생계도 막막하셨던 터라, 저희 부부에게 도움을 요청하셨습니다. 저는 아내와 상의하여 2007년 11월 시티은행에서 다시 900만원을 대출 받아 장인어른 병원비로 사용했습니다.

이러다보니 저의 박봉의 월급에서 매달 부채를 상환하고 나면 늘 생활비가 모자랐습니다. 종종 신용카드 현금서비스를 받아 사용하게 되었고, 가끔씩 누님들에게 빌려다 쓰곤 했습니다. 2008년부터는 아내도 직장생활을 시작했습니다. 아내는 조그만 회사에 경리사원으로 취업했고 매달 100만원의 월급을 받았습니다. 우리 부부는 2년 정도면 모기지론 주택담보대출을 제외한 모든 빚을 청산할 수 있겠다는 희망에 부풀게 되었습니다.

그러나 우리 부부의 이러한 희망은 한순간에 물거품이 되었습니다. 저는 네 번째 직장에 입사한 후 2003년 12월부터 단 한 방울의 술도 입에 대지 않았습니다. 그런데 2008년 12월 송년회에서, 제가 '알콜의존증후군' 환자라는 사실을 잊어버리고 상사가 따라주는 술 한 잔을 받아 마시고 말았습니다. 그렇게 단 한 잔으로 시작된 저의 음주가 곧바로 날이면 날마다 술 없이는 살 수 없었던 옛날의 저로 되돌아가게 하고 말았습니다. 마찬가지로 과음을 하고 아내를 학대하고 집안 살림을 부수던 그전 술버릇도 되풀이하게 되었습니다.

그러던 어느 날, 저는 과음을 하고 집에 들어와 아내에게 손찌검을 한 후 집을 나와 외박을 했습니다. 이튿날 오전 집에 들려 보니 아내는 잠을 자고 있었습니다. 그때 아내의 머리맡에서 발견한 편지를 읽어보니 유서였습니다. 아내가 두 번째 자살을 시도한 것이었습니다. 부랴부랴 119를 불러 아내를 병원 응급실로 옮겼습니다. 급하게 위세척을 하는 등 여러 가지 응급조치 끝에 아내는 다시 생명을 건졌습니다.

직장에서도 저의 음주로 인해 문제가 불거지기 시작했습니다. 음주로 직장에서의 업무능력이 눈에 띄게 떨어졌습니다. 날이면 날마다 술 냄새를 풍기고 다니다 보니 부하직원들과도 제대로 대화가 안 될 지경이었습니다. 직장상사가 몇 번에 걸쳐 저에게 음주문제에 대한 경고를 주었습니다. 그러나 이미 제 자신의 의지로는 음주문제를 조절할 능력을 상실한 지 오래였습니다. 회사에서는 저를 징계위원회에 회부했고, 5년 차장이었던 저를 과장으로 강등시켰습니다. 직장동료들에게 몹시 창피스럽기도 했지만, 저 스스로의 삶에 대해 절망했습니다. 그렇게 해서 저는 2009년 5월말 마지막 직장생활을 접어야만 했습니다.

회사를 그만 둔 후 2009년 6월, 저는 정신병원에 입원했습니다. 입원하고 한 달 동안 금단 증세로 인한 극심한 고통을 겪었습니다. 입원한 지 한 달 만에 막내누나가 저를 찾아왔습니다. 막내누나는 "이제 형제들은 모두 너와는 의절했다"며 한 달 치 입원비를 내주고는 저를 퇴원시켰습니다.

퇴원해서 집에 돌아오니, 아내는 저에게 이혼을 통보하며 당장 별거를 하자고 요구했습니다. 저는 몇 년 동안이나마 술을 끊을 수 있도록 계기를 마련해 주었던 알콜상담센터를 찾아서 충청도로 내려왔습니다. 그리고 다시 알콜상담센터를 다니며 단주 교육프로그램에 참여했습니다. 그러면서 센터에서 소개해주는 '신경정신병원'에서 외래진료를 받았습니다.

저희 부부는 가정법원에서 이혼 확정 판정을 받았습니다. 이혼을 확정하고 난후, 저는 집으로 내려와 소주 한 병을 마셨습니다. 도저히 술을 마시지 않고는 견딜 수 없는 슬픔이 밀려 왔기 때문입니다. 이튿날 술에서 깨어나자 마자 저의 음주전력이 생각나서 무섭고 두려웠습니다. 저는 한달음에 정신과병원으로 달려갔습니다. 병원 원장님께 저의 음주전력과 전날 소주 한 병을 마신 사연과 저의 처지를 말씀드렸습니다. 제 말을 듣고 난 원장님은 병원비 걱정은 하지 말고 일단 입원부터 하라고 배려해 주셨습니다. 그렇게 저는 2009년 8월부터 정신병원에 입원해서 현재에 이르고 있습니다. 그리고 2009년 10월 병원 복지과장님의 안내로 기초생활 수급자가 되었습니다.

알콜의존 증후군은 불치의 병?

알콜의존증에 빠진 사람들은 '알콜의존 증후군'은 하늘의 징벌이며 불치의 병이라고 말합니다. 그러나 올바른 단주생활과 정신과적 치료를 제대로 받으며 열심히 마음을 다스리다보면 반드시 치료할 수 있는 질병입니다. 저는 병원에 입원하여 4개월째 단주를 하고 치료를 받으며 마음공부를 해오고 있습니다. 하지만 저에게 남겨진 채무 때문에 늘 불안하고 초조합니다. 병원에서 수면보조제 처방을 받고 있지만 마음의 불안과 초초감으로 '알콜의존 증후군' 치료 전체에 나쁜 영향을 받고 있고 진전이 없습니다.

저는 채무로 인한 불안과 초조감 없이 치료를 받게 된다면 충분히 회복되어 이 질병의 사슬에서 벗어날 수 있다고 확신합니다. 그래서 법원에 개인파산면책을 신청하려고 알아보았습니다. 하지만 생각보다 비용이 많이 필요해 개인파산면책 신청을 뒤로 미루어야 했습니다. 그러던 중에 알콜상담센터장님이 저에게 '사회적협동조합 〈새벽〉'이라는 단체를 안내해 주었습니다. 그리고 〈새벽〉의 무료상담을 통하여 법원에 개인파산면책을 신청했습니다. 만약 제가 파산면책이 된다면 저는 지금 기초생활보장 수급자로서 국가에서 받는 혜택과 사회에 진 빚을 차후에 갚아 나가고, 이웃과 사회를 위해 새로운 삶을 살아가고 싶습니다.

위의 내담자는 파산면책 후 단주를 실천해 나가고 있습니다. 또한 사회복지자격증을 취득하기도 했습니다. 지금은 사회복지기관에서 일하며 복지와 단주에 관련한 봉사활동에도 힘을 쏟고 있습니다.

IMF 경제 한파가 만들어 준 사장님 자리

25살 청년 김철웅(가명) 씨는 충청도 고향 시골마을을 떠나 일자리를 찾아 구미공단으로 떠났습니다. 가난한 농가의 3남 2녀중 둘째로 태어난 그는 어려운 가정형편상 초등학교를 마치고 형님과 같이 농사일을 해왔습니다. 하지만 시골에서 농사일로는 더 이상 생계를 유지할 길이 없었습니다. 일거리를 찾아 객지로 나온 김철웅 씨는 구미공단에서 공원생활을 하기도 하고 건축 일용노동을 하기도 하면서 도회지 생활을 꾸려나갔습니다. 그러다가 30세 때 배우자를 만나 결혼을 했고 슬하에 딸 둘을 두었습니다.

김철웅 씨는 배우자를 만나 결혼한 후에 부산으로 이사를 했습니다. 부산에 내려간 후 얼마 안 있어 첫째 딸이 태어났고 연이어 둘째 딸도 태어났습니다. 김철웅 씨는 부산에서 한동안 마음에 드는 일자리를 구하지 못했습니다. 그는 몇 차례 직장을 옮기다가 철강회사에 자리를 잡았습니다. 철강회사에 입사한 후에는 가장으로서의 책임을 다하기 위해 열심히 일했습니다. 김철웅 씨는 철강회사에서 철을 다루는 여러 가지 기술을 배울 수 있었습니다. 그에게는 철을 다루는 일이 나름대로 재미가 있었고 보람도 있었습니다.

IMF 경제 한파가 만들어 준 사장님 자리

김철웅 씨가 입사한지 10년쯤 지났을 무렵 회사가 갑자가 어려워지기 시작하였습니다. 그가 다니던 철강회사는 한보철강에 자재를 납품하는 회사였습니다. 그런데 회사가 한보철강으로부터 납품대금을 제 때 받지 못했습니다. 직원들의 월급도 한 달 두 달 밀리기 시작했습니다. 그러다가 1997년 IMF 경제 한파가 절정을 이루던 때에 한보철강은 최종 부도가 났습니다. 김철웅 씨가 다니던 철강회사마저 부도 위기에 내몰렸습니다.

그러면서 김철웅 씨는 10년 동안 정들었던 직장을 떠나야만 했습니다. 갑작스레 직장을 잃게 된 김철웅 씨는 앞길이 막막하기만 했습니다. 배운 기술이라고는 오직 철을 다루는 것밖에 몰랐던 그는 새로운 직장을 구하기도 쉽지 않았습니다. 김철웅 씨는 우선 다급한 대로 건축 일용노동을 하며 실직 위기를 넘겨야 했습니다. 하지만, 건축 일용노동마저도 IMF 경제 한파로 일거리가 줄어들어 노는 날이 다반사였습니다.

김철웅 씨는 전 직장 동료들과 함께 사업을 하기로 했습니다. IMF 경제 한파 속에서 폐업한 김해 시의 한 공장을 보증금 1,500만원에 월세 50만원으로 임대했습니다. 김철웅 씨 일행은 공장을 임대한 후 '삼성비철금속'이라는 작은 철강 회사를 차렸습니다.

회사를 설립하는 과정에서 김철웅 씨는 퇴직금으로 받은 돈 1,500만원을 모두 투자하였습니다. 그리고 가건물을 짓고 지게차를 구입하는 등 사업기반을 마련하기 위해 살고 있는 집을 담보로 대출을 받았습니다. 이때 김철웅 씨는 '한국주택은행'과 '삼성생명보험'으로부터 자금을 빌렸습니다. 또한 신용보증기금에게서 보증을 받아 '부산은행' 김해지점에서 사업 운영자금을 융자받았습니다.

이처럼 김철웅 씨 일행은 사업 경험도 없고 자기자본도 없는 상태에서 사업을 시작했습니다. 오직 성실하게 일하면 모든 것이 잘 될 것이라는 순진한 믿음으로 시작한 사업이었습니다. 그러다보니 사업은 처음부터 난관에 부딪쳤습니다. 공장의 위치가 김해시청으로부터 가깝게 위치하고 있었는데도, 주민들의 반발을 전혀 예상하지 못했습니다. 공장을 가동하기 위해서 용광로에 불을 지피기만 하면 그 연기를 보고 주변 주민들이 시청에 민원을 제기했습니다. 주민들의 민원제기를 받은 김해시청 환경과에서는 그때마다 조사를 나와서 벌금을 매겼습니다.

그러다보니 제대로 일을 할 수 있는 상황이 아니었습니다. 제 때 물량을 대지 못하는 일이 다반사였고 거래처 주문 물량들이 자꾸 줄어들었습니다. 그러면서 직원월급과 기본적으로 들어가는 관리비 부담이 늘어만 갔습니다. 결국 김철웅 씨의 철강회사는 부도를 맞이하게 되었고, 1999년 폐업신청을 할 수밖에 없었습니다.

회사가 폐업한 후 부채를 못 갚게 되자, 담보로 제공했던 22평 아파트가 경매로 날아갔습니다. 김철웅 씨는 배우자와 두 딸아이를 데리고 40만 원짜리 월셋방으로 거주지를 옮겼습니다. 그러는 사이 날이면 날마다 빚독촉에 시달리다 보니 배우자와의 사이가 나빠졌습니다. 하루도 거르지 않고 경제적인 문제로 싸움을 하게 되었습니다.

김철웅 씨는 사업 실패의 충격에서 벗어나지 못하고 하루하루를 낙담과 절망 속에서 살아야 했습니다. 그런 상황에서 배우자와의 갈등은 그에게 큰 고통을 더했습니다. 1년여가 넘도록 김철웅 씨는 배우자와 갈등 속에서 아무 일도 하지 못한 채 허송세월을 보냈습니다.

설상가상으로 더해지는 고통들

그러다가 김철웅 씨는 아는 선배로부터 해외취업 제의를 받았습니다. 김철웅 씨는 조금이라도 빚을 갚고 인간다운 삶을 살아보고자 했습니다. 그는 주저 없이 금속계통 직종으로 사우디아라비아현장에 해외취업을 나갔습니다. 김철웅 씨는 한 집안의 가장으로서, 두 딸아이의 아버지로서 다시 한번 떳떳하게 살아보겠다는 의지에 불탔습니다. 그러나 해외취업을 한 지 3개월 만에 신장염이라는 몹쓸 병에 걸리고 말았습니다.

김철웅 씨는 더 이상 일을 하기가 어려운 상황에서 사우디에서 일단 응급수술을 받았습니다. 그리고 2000년도에 한국으로 돌아왔습니다. 김철웅 씨는 완전히 노동능력을 상실한 상황에서 배우자와 가족에게 짐이 되는 것이 싫었습니다. 김철웅 씨는 배우자와 합의 이혼을 한 후 혼자서 충청도 고향으로 올라왔습니다.

그런데 신장병이라는 것이 이식을 받기 전에는 낫지 않는 불치병입니다. 뿐만 아니라 이틀에 한 번 꼴로 투석을 하지 않으면 몸을 가눌 수 없을 정도로 피곤해지고 심하면 목숨을 잃기도 하는 병입니다. 다행히도 김철웅 씨는 신장장애 2급 판정을 받았고 기초생활보장 수급권자로 지정되었습니다. 그러면서 투석 등 신장치료를 받는 데는 별 어려움이 없었습니다.

죽음의 고통 속에 빚독촉은 빗발치고

지금이라도 김철웅 씨는 빚을 갚고 싶은 마음이 간절합니다. 아직까지도 그는 본의 아니게 채무를 못 갚게 된 것에 대해서 마음 속 깊이 부담을 가지고 있습니다. 그러나 지금 김철웅 씨는 2급 신장 장애인입니다. 김철웅 씨는 이틀에 한번 꼴로 병원에 가서 신장 투석을 받지 않으면 죽은 목숨이나 다름아닙니다. 한번 신장투석을 받는데 약 4시간 정도 걸리는데 고통스럽기 짝이 없습니다.

이러한 상황에서도 빚독촉은 끊이지 않고 극성스럽기 짝이 없습니다. 그러다보니 김철웅 씨는 하루에도 몇 번씩 죽음을 생각합니다. 그렇지만 생목숨을 끊는 것이 쉽지도 않을 뿐만 아니라, 옳은 일도 아니라고 믿습니다. 언젠가는 그에게도 신장이식 기회가 오리라고 소망합니다. 오늘도 김철웅 씨는 결코 미래의 희망을 놓지 않으려 하루의 삶을 몸부림으로 살아내고 있습니다.

그래서 김철웅 씨는 불치의 신장병을 앓고 있는 상황에서도 법원에 개인파산면책을 신청했습니다. 그리고 성심으로 파산면책을 기다리고 있습니다. 그는 할 수만 있다면 현재의 상황에 절망하기보다는 조금이라도 희망을 기대할 수 있는 실천행동에 나서려고 합니다.

김철웅 씨는 2012년 법원의 파산면책을 받았습니다. 그리고 2014년 봄 무렵 신장 이식수술도 받았습니다. 김철웅 씨는 어떤 뇌사자분의 신장을 기증받았는데 수술 결과가 아주 좋습니다. 지금은 수술 후 아무런 부작용 없이 건강을 회복하고 있는 중입니다. 지금 김철웅 씨는 60대 초반이지만 미래의 새로운 경제활동에 대한 기대와 의지를 다지고 있는 중입니다.

예수 신앙인들이여!
맘몬 세상에서 무엇을 하시려는가?

맘몬자본은 우리시대의 무소불위 권력. 그러니 누구인들, 우리시대 맘몬자본 권력의 노예가 아닌 이 있으랴! 시나브로 이 땅의 서민들 삶이 맘몬자본 권력의 노예로 전락된 지 오래이다. 그런데도 오히려 우리 사회 정치와 경제와 문화, 심지어는 종교까지 스스로 맘몬자본 권력의 노예이기를 자처하고 있지 않은가?

그렇다면, 예수 신앙인들이여! 그대는 아니다, 할 수 있을까? 그럭저럭 쓸 만 한 차, 집을 가지고도 더 크고 좋은 차와 집에 눈길이 가지 않았는가! 새벽 일터에서 작업복을 갈아입으며 주식 시세표에 마음을 빼앗기지 않았던가? 가난한 이웃의 고달픈 살림살이를 외면하면서 내 자식을 위한 유명 학원 간판을 살피지 않았던가? 살면서 단 한 순간이라도 맘몬자본 권력의 지배체제를 떠나 본 적이 있었나?

그래서 하는 말인데, 예수 신앙인들이여! 그대는 역 앞 노상에서 비바람 눈보라 속에서도 착한 척 어깨띠 두르고 그저 밥만 퍼주는 가짜 사마리아 사람들을 향해 눈 흘긴 적이 있겠지?

그러나 예수 신앙인들이여! 그대는 역 앞 배고픈 이들에게 따뜻한 밥 한 그릇이라도 건네며 함께 나누어보았는가? 비바람 눈보라 아랑곳 않고 털퍼덕 땅바닥에 주저 앉 아 배고픈 이들과 함께 밥 한 사발이라도 먹어 보았는가? 그들의 기막힌 삶의 이야기를 들어준 적이 있는가?

물론, 가짜 사마리아인들은 결코 그렇게 하지 않으려니, 그들에게 배고픈 이들은 밥을 퍼 먹여야 할 대상일 뿐이오.

예수 신앙인들이여! 그대는 졸지에 기초생활보장수급자 탈락이라는 구청의 통지문을 받아들고 어쩔 줄 몰라 하는 독거노인, 한부모가족, 장애우를 눈여겨 본 적이 있는가? 분한 마음으로 그들의 손을 잡고 동사무소 문을 박차고 들어가 본 적이 있는가? 가서, 공권력의 부당한 처사에 눈 부라려 본적이 있는가? 그이들과 함께 성난 목청을 돋우어 본 적 있는가?

물론, 가짜 사마리아인들은 결코 그렇게 하지 않으려니, 그들에게 그 이는 그저 돌보아줄 대상일 뿐이기 때문이오.

예수 신앙인들이여! 그대는 서울에서 무료로 지하철을 타고 온양까지, 대전에서 무궁화 열차로 천안 가서 다시 무임지하철 타고 서울로 행보하는 노인, 장애우, 빈곤층들을 만나본적이 있는가? 그이에게 따뜻한 커피 한잔 사주며 조근조근 예수의 하나님나라 자유와 해방, 정의와 평등, 생명평화 이야기를 들려 준적이 있는가?

물론, 가짜 사마리아인들은 결코 그렇게 하지 않으려니, 그들에게는 그이가 자선의 대상일 뿐이기 때문이오.

예수 신앙인들이여! 그대는 법원이나 검찰청 앞 법률구조공단에 가 본 적이 있는가? 하염없는 대기번호표 뽑아들고 두려움에 떠는 이들에게 따뜻한 연대의 말 한마디 건넨 적이 있는가? 거친 두 손 부여잡고 힘내시라 위로한 적 있는가?

물론, 가짜 사마리아인들은 결코 그렇게 하지 않으려니, 그들에게는 그이가 사회적 낙오자이고 실패자이며 도덕적 해이자이기 때문이오.

예수 신앙인들이여! 맘몬자본 세상에서, 이제 정녕, 그대는 무엇을 하시려는가?

6부 · 희년을 꿈꾸며

희년을 바라는 이들의 목소리

부채전쟁

저는 경상도 시골마을에서 어렵게 농사일을 하시는 부모님 슬하에 태어나 어린 시절부터 가난을 경험하며 살았습니다. 가정형편을 고려해 인문계 고등학교를 포기하고 공업계 고등학교에 진학을 했습니다. 그렇게 고등학교에 진학하여 전자통신 분야 공부를 했고 장학금을 받으며 고등학교를 다녔습니다. 그 무렵 틈틈이 태권도를 익혔고 이런저런 대회에 나가 메달을 따기도 했습니다. 저는 대학진학을 포기하고 고등학교를 졸업한 후 일찍 사회생활을 시작하기로 마음먹었습니다.

그런데 저는 어렸을 때부터 교회를 나가 신앙생활을 했고 나름대로 열심히 교회학교 생활을 하며 기독교 신앙을 키워왔습니다. 하지만 가족들 중에는 아무도 교회에 나오는 사람이 없었습니다. 집안에서는 저 혼자만이 외롭게 기독교 신자였습니다. 저는 하나님의 은혜 가운데 목회자의 소명을 확신하고 신학대학을 가기로 결심했습니다. 그러나 가족들은 저의 신학대학 진학을 극구 반대했습니다. 제가 가족의 반대를 무릅쓰고 신학대학 입학의 뜻을 굽히지 않자 가족들은 대학등록금을 한 푼도 도와줄 수 없다고 했습니다.

우여곡절 끝에 저는 신학대학에 입학했습니다. 신학대학 등록금은 제가 다니던 교회의 도움과 여러 교우들의 십시일반 후원으로 마련했습니다. 하지만, 이후 신학대학 학자금과 생활비 등을 마련하는 일이 쉽지 않았습니다. 저는 학업장학금 및 근로장학금 그리고 아르바이트 등으로 겨우겨우 대학생활을 꾸려나갔습니다. 그렇게 신학대학 2년을 마친 후 도피하듯이 군대에 입대했습니다.

빚으로 이어나간 공부

저는 제대 후 신학대학에 복학하면서 심하게 학자금과 생활비 압박을 받았습니다. 저는 모자라는 학자금과 생활비를 대출을 통해서 마련할 수밖에 없었습니다. 그 당시 저는 세상 물정에 어두워 정부 학자금 대출제도에 대하여 잘 알지 못했습니다. 그러다보니 매양 저축은행과 대부업체로부터 고리의 일반대출을 받아 학자금 및 생활비로 사용하였습니다. 학부 생활 2년여 동안 산와머니, 진흥저축은행 등 대부업체와 저축은행으로부터 고리의 대출을 받았습니다. 저는 신학대학원에 진학한 후에야 한국장학재단에서 저리로 학자금 대출을 한다는 것을 알았습니다. 그래서 2005년 이후 신학대학원생 때부터는 한국장학재단의 학자금대출을 이용할 수 있었습니다.

저는 신학대학원을 졸업하고 나서 전도사로 사역을 했습니다. 하지만, 저에게는 도시의 큰 교회에서 전도사로 사역할 기회가 주어지지 않았습니다. 저의집안은 오랜 신앙의 뿌리를 가지지 못했고 그러다보니 도회지 변두리나 시골 작은 교회를 전전하며 전도사로 사역을 해야만 했습니다. 그러면서 교통비 이외에는 아예 사례비를 받지 못하는 경우가 다반사였습니다. 그러한 상황에서는 도저히 대부업체의 학자금대출을 상환할 엄두를 내지 못했습니다.

그래서 저는 작정기도를 통하여 하나님께 저의 목회 진로를 심각하게 질문한 후, 개척교회를 시작하기로 결심했습니다. 저는 도시 변두리 주택가 지역에서 보증금 500만원에 월세 25만원 지하상가를 빌려 개척교회를 열었습니다. 하지만, 저는 아직 총각이었고 함께 개척교회를 돕겠다는 교우들도 없었습니다. 그렇다고 저의 처지에 여기저기 큰 교회에 줄을 대고 후원을 받을 수 있는 상황도 아니었습니다. 그러다보니 교회 운영비와 생활비 마련을 위한 아르바이트도 병행해야만 했습니다.

다행히도 저는 오랜 태권도수련을 통하여 사범자격을 가지고 있었습니다. 그렇게 태권도 수련과정에 알게 된 지인들이 운영하는 태권도체육관이나 학원 등에서 아르바이트를 했습니다. 학원생들을 지도하는 태권도 사범 또는 학원생들을 위한 차량운행 등의 일을 했습니다. 그러면서 아끼고 절약해서 고리의 대부업체의 이자와 상환금을 냈습니다. 또한, 아르바이트로 일하는 학원의 학생들과 학부모를 대상으로 선교활동도 열심히 했습니다.

그러나 몇몇의 아동과 중·고등 학생들 중심의 개척교회 목회활동은 저의 소득에 전혀 도움이 되지 않았습니다. 생계와 교회운영을 위해 아르바이트를 하면서 교회를 성장시키려는 것은 너무나 어려운 일이었습니다. 저는 1~2년 나홀로 개척교회를 하면서 심신이 지쳤습니다. 그래서 잠정적으로 목회활동을 중단할 수밖에 없었습니다.

그러던 중, 젊은 나이에 개척교회를 하며 고생하는 것을 안타까워하셨던 은사님과 지인들이 저에게 계속 공부할 것을 채근하셨습니다. 저 역시도 기독교대학에서 가르치는 것을 소망으로 삼아 왔었습니다. 나아가 그 무렵 무언가 새로운 돌파구를 찾아야 했습니다. 저는 영성신학에 관련한 공부를 계속하기로 결정했습니다. 그리고 평소 존경하던 은사님의 추천을 받아 서강대 신학대학원에서 영성신학을 공부하게 되었습니다.

영성신학 공부를 시작하면서, 아직 우리나라에 영성신학 전공자들이 희소했기에 공부를 해볼 만하다고 판단했습니다. 그러나 학업을 계속하기 위해선 500~600만원이나 하는 사립대학의 학자금이 필요했습니다. 저는 모든 과정을 이수한 후, 기독교 대학들에서 강의를 할 수 있다면 학자금을 갚아 나갈 수 있을 것이라는 생각했습니다. 그렇게 저는 또다시 '정부 학자금 대출'을 통하여 영성신학 공부를 시작했습니다.

그런데 일주일에 2~3일을 서울로 통학하면서 막대한 교통비와 생활비가 문제되기 시작했습니다. 그러던 차에, 저는 길거리 신용카드 발급 영업사원으로부터 몇 개의 신용카드를 발급받아 사용하기 시작했습니다. 발급받은 신용카드로 현금서비스를 받아 급한 생활비를 충당했습니다. 때때로 카드대출을 받아 기존의 대부업체 대출금 이자나 상환금을 갚기도 했습니다.

그렇게 영성신학을 공부하는 동안 기존 채무에 카드 채무까지 더해서 불어나기 시작했습니다. 더 많이 아르바이트 일자리를 늘리고 더 열심히 노력을 하는데도 채무가 생각만큼 줄어들지는 않았습니다. 저는 막대한 학자금과 생활비 지출로 고민에 빠져 몸도 마음도 지쳐버렸습니다. 한동안 휴학을 해야만 했고, 영성신학 공부를 포기하고 싶었습니다. 그러나 주변에서는 이미 시작한 공부이니 박사과정은 나중 일이고, 석사학위는 받아야한다고 성화를 냈습니다. 저는 다시 정부 학자금 대출을 받으며 2011년 석사과정을 마쳤습니다. 그러나 석사학위만으로 기독교 대학들에서 강의를 맡는 것이 거의 불가능했습니다.

빚을 갚기 위한 전쟁

현재, 저는 태권도 체육관에서 태권도 사범 및 차량 운행을 하면서 월 130만원의 소득을 올리고 있습니다. 살고 있는 집은 지하교회에 딸린 단칸방입니다. 보증금 500만원에 월세가 조금 올라 30만원입니다. 저는 어떻게든 당면한 채무를 정리하고 가벼운 마음으로 목회사역을 하리라고 마음먹고 있습니다.

하지만, 저의 채무 상당부분이 고리의 대부업체 대출이다 보니, 도저히 이자를 감당하기 어렵습니다. 아무리 노력을 해도 비싼 이자를 내고 나면 좀처럼 원금이 줄어들지 않습니다. 지금까지 오랜 세월을 이자만 내고 원금 채무는 연장 받는 일을 계속해 오고 있습니다.

이제 저의 카드 채무, 대부업체와 학자금 대출 등은 저의 채무변제의 한계점을 넘어섰습니다. 그동안 소위 카드 돌려막기라는 것도 했습니다. 현재는 이마저도 불가능한 상황에 이르렀습니다. 이 상태를 계속 유지한다는 것은 또 다른 채무를 증대시키고, 채권자에게 더 큰 피해만 줄 뿐이라고 생각합니다. 그래서 저는 마지막 최선의 방법으로 법원에 개인회생을 신청했습니다. 공동선을 실천하고 공공의 이익을 위해 살아야 할 목회자로서 원치 않게 채권사와 사회에 피해를 주게 되어 송구스럽기 짝이 없습니다.

속죄의 삶은 채무로 남고

김학인 씨가명는 전북 시골 농가에서 5남매 중 막내로 태어났습니다. 부모님은 소작농이셨는데 내 땅 한 뙈기 없이 평생을 사셨습니다. 김학인 씨가 초등학교 때 아버지가 돌아가셨고 그바람에 온 가족이 뿔뿔이 흩어지게 되었습니다. 어린 나이의 김학인 씨는 외지 도시의 어떤 장로님이 운영하시는 안마시술원으로 보내졌습니다. 그는 안마원에서 먹고 자며 맹인들에게 길을 안내하는 일을 했습니다.

그러다가 김학인 씨는 우연찮게 건달세계에 발을 들여놓았고, 큰 패싸움에 연루되었습니다. 싸움 중에 한 명이 사망하고 한 명이 중상을 입었습니다. 그 사건으로 19년 4개월의 형을 언도받았습니다. 그는 속죄하는 마음으로 수감생활을 했고, 1999년 조기 출소를 했습니다.

김학인 씨가 오랜 수감생활을 끝내고 출소했을 때, 이미 나이가 삼십대 후반이었습니다. 그때, 김학인 씨는 평생을 참회하는 마음으로 사회봉사활동을 하며 살겠다고 맹세했습니다. 이후, 그는 일용 건설노동을 하며 생계를 꾸리는 한편 여러 복지기관에서 봉사활동을 했습니다.

봉사의 삶은 채무로 남고

김학인 씨가 봉사활동을 하던 복지기관에는 여러 다른 자원봉사자들이 있었습니다. 그 분들 중에는 신용카드 발급영업을 하는 분도 있었습니다. 김학인 씨는 그 분들의 부탁으로 여러개의 신용카드를 발급 받았습니다. 발급받은 신용카드로 간혹 급하게 병원비 등이 필요한 장애인들을 후원하려고 현금서비스를 받기도 했습니다. 김학인 씨는 오로지 남은 인생을 속죄하는 마음으로 불쌍한 이웃을 돕고 사는 것이 목적이었습니다. 그러면서도 한 번도 신용카드 대금을 밀리거나, 어려움을 겪지 않았습니다.

그러던 2004년 4월 무렵, 김학인 씨는 농공단지 공장 건설현장에서 일을 했습니다. 그런데 무거운 기계설치 작업 중에 허리를 다쳤고, 허리수술을 받았습니다. 다행히 김학인 씨의 사고는 산재로 처리되었고 약간의 보상금도 받았습니다. 그러나 2005년 5월, 수술한 허리를 다시 재수술을 해야 하는 상황에 이르렀는데, 산재 불승인이 났습니다. 김학인 씨는 그간 받은 보상금도 다 까먹고 자비로 재수술을 하였습니다. 그 이후 그는 허리질환을 지병처럼 앓게 되었고, 2006년 1월에는 5급 지체장애 판정을 받았습니다. 김학인 씨는 허리통증으로 삼사일 일하고 하루 이틀을 쉬는 일을 반복해야 했습니다. 그럼에도 그는 쉬는 사이사이 봉사활동을 하며 지냈습니다.

그러던 중에 감방 동기이었던 선배가 신학을 공부하고 목사가 되었다고 했습니다. 그리고 어느 날 그 선배 목사가 충청도에서 사회봉사기관을 설립 운영하려고 하니 도와달라고 했습니다. 김학인 씨는 2006년 12월 충청도로 와서 선배 목사가 설립한 '사회선교회'에서 사회봉사 활동을 했습니다.

아무런 후원자도 없는 가운데 김학인 씨와 선배 목사는 노동도 하고, 장사도 하면서 사회봉사 활동을 했습니다. 김학인 씨는 노인복지관, 어린이 보육원, 아동공부방 등에 주 1~2회씩 자장면이나 찐빵, 팥빙수 등을 만들어 공급했습니다. 그러다가 돈이 모자라면 신용카드를 사용하여 모자라는 돈을 충당하곤 했습니다. 그러던 2008년 초, 선배 목사가 갑자기 러시아 선교사로 파송되었습니다. 김학인 씨는 혼자 남아서 '사회선교회'를 이끌었으나 힘에 부쳤습니다.

설상가상으로 그 무렵부터 김학인 씨는 심한 허리통증에 시달리기 시작했습니다. 병원에서 물리치료와 약물치료를 받아도 좀처럼 통증이 가시지를 않았습니다. 더 이상 힘든 건설 노동을 할 수 없었습니다. 김학인 씨는 동사무소를 찾아가 사정을 이야기 했고, 2008년 10월경에 기초생활보장 수급자가 되었습니다.

그렇지만 김학인 씨는 사회봉사 활동을 그만둘 수 없었습니다. 도리어 전보다 더 많은 시간을 자원봉사에 할애했습니다. 간간히 힘을 쓰지 않아도 되는 일용직 알바를 하면서 돈을 모았습니다. 그렇게 모은 돈에 절약한 생활비를 보태서 봉사활동비로 사용했습니다. 하지만 예전처럼 돈을 벌지 못하게 된 상황에서 사회봉사 활동을 계속 하려다보니 신용카드 사용이 늘어날 수밖에 없었습니다. 그러다가 카드대금이 밀리게 되었고 카드론 대출을 받아 밀린 카드대금을 갚곤 했습니다.

2009년 무렵, 김학인 씨는 영구임대아파트에 입주하게 되었습니다. 그러면서 그동안 꼬박꼬박 내오던 월세를 절약할 수 있게 되었습니다. 김학인 씨는 무언가 새로운 돈벌이 시도를 해서 안정적으로 사회봉사 활동을 해야겠다고 마음먹었습니다. 궁리 끝에, 김학인 씨는 일반가정의 화장실이나 수도 파손 등에 대한 이동 출장수리업을 하기로 했습니다. 2009년 5월, 김학인 씨는 국민은행에서 장애인 자립자금 대출 1,000만원을 받았습니다. 대출받은 돈으로 중고 다마스 자동차를 구입하고, 화장실 바닥 콘크리트 굴착 작업, 타일 작업, 청소 작업, 선반 작업을 하는 기계들을 구입했습니다.

사실, 김학인 씨는 오랜 수감생활 중에 창고 산업기사 및 기능사 자격증 7개를 땄습니다. 또한 기능경기대회에 나가서 금메달, 은메달, 동메달 등 5번의 입상 경력도 있었습니다. 김학인 씨는 여러 가지 자격증도 많고 열심히 하면 성공할 수 있을 것이라고 자신했습니다. 하지만 번듯한 사무실을 얻을 형편도 아니었고 달리 돈을 들여서 홍보할 수 있는 처지도 아니었습니다. 김학인 씨는 다마스 차에 현수막을 걸고 마을 골목을 다니며 홍보도 하고 일거리도 찾아 나섰습니다. 그런데 일거리가 생각처럼 많지 않았습니다. 하루 온종일 돌아다니고도 일을 공치는 날이 대부분이었습니다. 김학인 씨는 점차 열정과 자신감만으로는 사업이 안 된다는 것을 느꼈습니다.

그러던 2009년 12월, 김학인 씨는 변두리 마을 산 밑 길가에서 추위에 떨고 있는 노인 부부를 발견했습니다. 김학인 씨는 두 어르신을 보고 지나칠 수가 없어서 우선 급한 대로 자신이 살고 있는 집으로 모셔왔습니다. 두 어르신은 갈 곳도 없고 부양해줄 사람도 없다고 했습니다. 두 어르신은 무료 노인요양시설은 입소할 자격이 없기도 했거니와 결코 가고 싶지도 않다고 하셨습니다. 김학인 씨는 엄동설한에 갈 곳이 없는 두 어르신을 내보낼 수도 없어서 당분간 함께 모시고 살아야겠다고 마음먹었습니다.

그런데 할머니가 대장암 수술을 하시고 합병증으로 인해 자주 병원에 가셔야 했습니다. 할머니를 진료하신 병원의사는 마냥 치료하지 않고 방치하면 생명이 위험할 수도 있다고 했습니다. 하지만, 두 어르신은 건강보험료가 밀려서 의료보험카드마저 없었습니다. 그러다보니 많은 병원비가 들어갔습니다. 김학인 씨는 화장실 및 수도파손 수리업이 폐업상태나 마찬가지인 상황에서 2010년 11월경 다마스 자동차를 180만원에 팔았습니다. 만일을 생각해서 조금 모아두었던 금붙이도 모두 팔았습니다. 김학인 씨는 그 돈으로 노부부의 병원비와 생활비를 충당했습니다.

김학인 씨는 살인죄로 오랜 수감생활에서 풀려나면서 자기자신에게 한 삶의 맹세를 어떻게든 지켜내야 한다고 생각했습니다. 또한 어린 시절 이후부터 지금까지 혼자만 살아오다가 두 어르신을 모시고 함께 사는 것이 마치 가족 같았습니다. 하지만, 한 겨울만 지나면 가신다는 분들이 가실 곳을 정하지 못하는 바람에 2011년 9월까지 계셨습니다. 김학인 씨는 주위 사람들에게 돈도 빌렸고, 신용카드를 이용하여 병원비와 생활비를 대다보니 끝이 보이지 않았습니다. 결국 고민 끝에, 김학인 씨는 노부부에게 상황을 말씀드려야 했고, 노부부는 시골 어딘가에 산다는 딸네 집을 찾아 가시겠다며 그의 집을 나가셨습니다. 그 이후 김학인 씨는 노부부의 소식은 알 길이 없지만, 어딘가에서 굶주리고 떨며 노숙을 하시지나 않을지, 그러다가 혹시 돌아가시지나 않으셨을지 애가 탈 뿐입니다.

혹독한 추심으로 괴롭히는 빚

노부부가 김학인 씨의 집을 나간 후, 김학인 씨는 감당할 할수 없는 채무로 혹독한 추심에 시달려야 했습니다. 카드빚이며 은행빚 등 도저히 갚을 길이 보이지 않았습니다. 김학인 씨는 다만 며칠이라도 일을 해서 이자를 갚아나가려고 노력했으나, 몸이 아파서 그마저도 할 수 없는 처지가 되었습니다. 김학인 씨는 이미 허리수술 후유증으로 5급 지체장애인이 되었고, 경추부 추간판탈출증 및 협착증 등으로 오래도록 허리통증에 시달려왔습니다. 또한 '경추부후증인대골화증'이라는 희귀질환을 앓아왔습니다. 현재에 이르러 김학인 씨는 도저히 노동을 할 수 없는 형편에 처했습니다. 뿐만 아니라 그는 몸으로 하는 봉사활동마저 중단해야 하는 상황에 이르렀습니다.

김학인 씨의 소득은 구청에서 매월 지급하는 생계비 480,000원이 전부입니다. 또한 살고 있는 집도 주택공사소유의 영구임대아파트입니다. 현재, 김학인 씨의 처지는 세상 어디에도 의지할 데 없는 천애고아나 다를 바 없습니다. 그러한 상황에서 김학인 씨는 빚쟁이의 전화 및 문자, 법원 명령문, 방문 등 온갖 빚독촉에 시달리고 있습니다. 참으로 괴로운 것은 김학인 씨 스스로 쓸모없는 인간, 사기꾼으로 느껴지는 자격지심입니다. 김학인 씨는 세상에서 씻을 수 없는 죄를 지었고, 오직 참회하는 마음으로 사회봉사 활동을 하며 남은 인생을 살려고 노력했습니다. 그런데도 참으로 세상에 부끄럽기 짝이 없는 처지에 내몰렸습니다.

아직 김학인 씨의 인생길은 멀고도 깁니다. 어떻게든 다시 살아 죄를 씻고 새 삶을 살아가야겠기에 그는 법원에 파산면책 신청을 했습니다. 만약, 김학인 씨가 법원의 파산면책을 받게 된다면 그는 앞으로 사는 날 동안 더 많은 봉사활동을 할 것입니다. 물론 그의 몸은 매우 불편하지만 더 많은 곳에서 더 다양한 방법으로 속죄와 봉사의 삶을 살게 될 것이라고 믿습니다.

아직 끝나지 않은 삶의 이야기

저는 서울에서 한 집안의 장남으로 태어났습니다. 아버님은 섬유 계통의 사업을 하셨는데, 저는 장차 아버님의 사업을 돕기 위해 공업전문대 기계과를 졸업했습니다. 그러나 기계과는 저의 적성에 맞지 않아 많은 어려움을 겪었습니다.

아버님은 섬유산업 관련 특허를 취득하신 후, 충청도의 작은 도시로 내려와 특허사업을 시작하셨습니다. 저도 아버님과 충청도로 내려와 아버님의 사업을 도왔습니다. 그러면서 배우자를 만나 결혼을 했고 슬하에 1남 1녀를 두었습니다. 저의 아들은 지적장애를 가지고 태어났습니다. 이후 저는 여러 가지 심적인 고통과 경제적인 어려움 속에서 지적장애 1급인 아들을 양육해오고 있습니다.

그러는 중에 1980년 중반 아버님의 사업이 부도가 났습니다. 그 충격으로 아버님이 중풍으로 쓰러지셨고, 지금까지 그 후유증에 시달리고 계십니다. 그 후, 부모님들은 도회지 살림을 정리하시고 충청도 깊은 시골에 집을 얻어 요양생활을 시작하셨습니다.

아버님의 사업이 부도가 난 후, 저는 아내와 함께 도시로 나와 재래시장에서 화장품 및 속옷을 판매하는 가게를 냈습니다. 가게가 자리잡으면서 가게 운영을 아내에게 맡기고 저는 여행사에 취업을 했습니다. 그러면서 작은 빌라 한 채를 내 집으로 장만할 수 있었습니다. 그렇게 아버님의 사업 부도 이후 어수선했던 저희 가정도 삶의 안정을 찾았습니다.

온 가족들의 먹거리 새로운 사업을 찾아

1992년 경, 서울에서 문구류 중도매상을 하던 남동생과 직장생활을 하던 다른 가족들이 힘을 합해 충청지역에서 손꼽히는 큰 문구점을 인수하기로 했습니다. 저도 역시 가족들과 함께 문구 도매업에 참여하기로 결정했습니다. 남동생과 가족들은 각자의 전세금 및 퇴직금을 내어놓았습니다. 저 역시 아내가 운영하던 재래시장의 가게를 정리했습니다. 그러고도 자금이 모자라서 저의 집을 인수할 문구점 사장에게 근저당을 설정해 주어야 했습니다. 그 후, 저의 집에 대한 저당권 설정은 인수한 문구점 전 사장과 채무관계가 있었던 문구회사로 변경되었습니다.

그렇게 저희 가족 3남매는 다함께 문구 도매업을 시작했습니다. 상호도 새롭게 고쳐 달고 희망찬 출발을 했습니다. 한편, 제가 문구점을 인수인계할 때 전 사장은 재고 물품들을 신제품으로 교환하는 문제와 원활한 영업 승계에 협조할 것을 약속했습니다. 그러나 전 사장은 곧바로 지역의 다른 여러 문구점을 합쳐서 주식회사 형태의 대형 문구도매점을 열었습니다. 전 사주는 저와의 처음 약속을 모두 저버렸습니다.

그러는 통에 저희 3남매가 모든 것을 쏟아 부어 시작한 문구점은 졸지에 초라한 중소 도매문구점으로 전락하고 말았습니다. 나아가 영업에도 심대한 타격을 입었습니다. 사실, 저희 문구점은 기존의 고객이었던 소형 문구점을 통하여 새로운 거래처를 소개받아 더 크게 성장하는 것을 경영목표로 했습니다. 하지만 전 사장의 배신으로 기존의 고객 문구점마저 주식회사 형태로 설립된 전 사장의 대형 문구점에 모두 빼앗기고 말았습니다.

나아가 인수한 재고 물품들도 시시각각 쏟아져 나오는 신제품들에 밀려 전혀 판매가 되지 않았습니다.

저희 가족 3남매가 모든 것을 걸고 시작한 문구점은 시작부터 암초에 부딪쳤습니다. 저희 문구점은 초대형 문구 도매상에 대응하기 위한 투자 압력과 재고 물품 누적으로 영업 손실을 감당할 수 없는 상황에 이르렀습니다. 1998년에 이르러 저희 가족 3남매는 문구점을 정리할 수밖에 없었습니다.

문구점을 정리하면서 저는 모든 재고 물품들을 떠안았습니다. 부모님이 사시는 시골에 허름한 창고를 얻어 재고 물품들을 옮겨놓았습니다. 그리고 중고 봉고차를 구입해서 지방의 작은 문구점들을 상대로 방문판매 영업을 시작했습니다. 하지만 아무리 열심히 장사를 해도 매출이 보잘 것 없었고 남는 것도 별로 없었습니다. 저는 당장의 생계를 위해 할 수 없이 다른 문구점 판매원으로 취업을 해야 했습니다. 휴일에는 시골 작은 문구점을 돌면서 문구 및 문구점과 관련된 여러 가지 잡화들을 판매했습니다.

새로운 시도는 더 큰 채무를 낳고

아내는 저의 수입만으로 생계를 꾸리는 것을 매우 힘들어 했습니다. 저의 반대에도 불구하고 아내는 여러 지인들을 통하여 호프집 개업비용을 마련해 2000년 대학가 근처에 호프집을 차렸습니다. 그러나 가계에 큰 도움이 될 만큼 호프집 영업이 잘 되는 것도 아니었습니다. 그 이후 저는 지적장애 1급인 아들만 홀로 남겨둔 채, 밤늦게까지 영업을 하는 아내와 자주 다투었습니다.

그 무렵, 문구점을 정리하고 택시운전, 건축노동 등을 하며 생계를 꾸려오던 남동생이 전자타운 영업사원으로 취업했습니다. 그리고 얼마 지나지 않아 남동생은 컴퓨터 관련 회사를 창업했습니다. 그때 남동생은 신협에서 대출을 받았고 저는 남동생의 요청으로 대출 보증을 섰습니다.

아내는 제가 남동생의 신협 대출에 보증서는 것을 심하게 반대했습니다. 하지만 남동생은 문구점을 정리하면서 모든 생활기반을 잃은 상황이었습니다. 저는 한 가족의 장남으로써 남동생의 새로운 출발에 보증으로나마 도움을 주는 것이 저의 책임이라고 여겼습니다. 그 때문에 저희 부부는 더 많은 갈등을 겪었고, 관계도 점점 더 멀어졌습니다.

남동생은 영업을 통하여 지방 대학교와 컴퓨터관리 업무협약을 맺었고, 성실하게 일을 하면서 빠르게 자리를 잡아갔습니다. 그렇게 사업이 자리를 잡아가자, 남동생은 문구점을 정리하면서 잃었던 것들을 한꺼번에 복구할 욕심으로 부동산에 투자를 시작했습니다. 남동생은 욕심으로 눈이 어두웠는지, 기획 부동산업자들에게 걸려들었습니다. 남동생은 경기도에 임야를 매입해서 아파트를 짓겠다는 부동산 기획투자업자에 속아 거액을 투자했습니다. 그러나 모든 것이 사기였고 남동생의 부동산 대박도 수포로 돌아가고 말았습니다.

한 집안의 가장으로서

그렇게 남동생으로부터 대출금을 회수할 수 없게 된 신협은 저의 집을 가압류했습니다. 그리고 2003년 9월 법원으로부터 강제 경매개시 결정을 받았습니다. 그런데 저의 집은 이미 1992년 문구점을 인수하면서 동아교재주식회사에 근저당이 설정되었습니다. 2002년에는 저와 거래가 있던 문구류 포장지 영업소에 근저당도 설정되어 있었습니다. 그러다보니 신협은 경매 배당금으로 채권액 중 일부만을 회수했습니다. 현재 저에게는 원금과 이자포함 38,218,722원이라는 신협 대출 보증채무가 남겨져 있습니다. 또한 희망모아에 구LG카드 채무 1,509,096원도 남아 있습니다.

살던 집을 경매로 날린 후, 저는 한동안 충청도 시골 부모님 집에 들어가 살았습니다. 그러는 중에 저는 아내와 합의 이혼을 했습니다. 사실, 저의 반대에 불구하고 호프집을 열 때부터 아내와 저는 이미 사이가 벌어져 있었습니다.

저는 모든 것을 잃고 아내와 이혼까지 한 상황이었지만 무엇이든 일을 해야 했습니다. 2006년 도심을 벗어난 변두리에 월셋방을 얻어 지적장애 1급인 아들을 데리고 이사를 나왔습니다. 그때부터 저는 이것저것 닥치는 대로 일용직 노동을 하며 생계를 꾸려 왔습니다. 그러는 와중에 저의 형편을 안타깝게 여겨왔던 집주인은 동사무소에 볼일을 보러 갔다가, 지적장애 1급 아들과 함께 뚜렷한 직장도 없이 어렵게 사는 저의 형편을 이야기했습니다. 그리고 2008년 동사무소 사회복지 공무원이 실태조사를 나왔고 저와 자녀는 기초생활 수급자가 되었습니다.

현재, 저는 지적장애 1급인 아들과 함께 기초생활 수급자로 살아가고 있습니다. 아들은 장애아동들이 다니는 장애인학교에 재학 중입니다. 딸아이는 고등학교를 졸업한 후 어렵게 대학에 입학했으나, 한 학기를 마치고 휴학 중입니다. 딸아이는 나름대로 알바를 하면서 제 손으로 학비를 벌어 복학하기를 꿈꾸었으나 매우 어려운 상황인 것 같습니다. 단칸 월셋방에 딸아이와 함께 살 수가 없는 처지라서 현재는 따로 살고 있습니다.

현재, 저는 택배회사 물류센터에서 일용직으로 야간 물품분류 작업을 하면서 한 달에 100만원을 벌고 있습니다. 하지만 오십 중반의 나이에다 허리통증과 관절통으로 병원치료를 받고 있는 터라, 얼마나 더 이 일을 할 수 있을지 걱정스럽습니다.

저는 늦게나마 평생교육원 등에 등록하여 사회복지사 자격을 얻으려는 계획을 가지고 있습니다. 그래서 지적장애 1급인 아들을 돌보며 사회복지와 관련된 일을 하고 싶습니다. 저는 신용불량자에다 채무자 신세이지만 아직 자립이 요원한 딸과 지적장애 1급인 아들이 있습니다. 또한 연로하신

부모님들을 모셔야만 하는 한 집안의 가장입니다. 저는 아직도 한 집안의 가장으로서의 책임을 충실히 수행하며 자립할 의지와 자신감을 가지고 있습니다.

그러나 저의 이러한 의지도, 바람도 신용불량자라는 굴레를 쓰고 극심한 빚독촉에 시달리다보면 한낱 물거품이 아닐까 생각되기 일쑤입니다. 하루빨리 신용불량자라는 굴레를 벗고 새 출발을 할 수 있기를 간절히 바랍니다.

위 내담자분은 바라던 대로 법원에서 파산면책 결정을 받았습니다. 또한 평생교육원학습을 통하여 사회복지사 자격도 얻었습니다. 비록 늦은 나이지만 사회복지분야에서 일을 하며 새로운 삶을 개척하고 있습니다.

개인파산면책은 우리 시대의 희년선포이다

오늘날 21세기 금융자본 경제체제에서 대부분의 성공한 한국 기독교 엘리트들은 가난하고 힘든 이들의 고통에 무감각합니다. 실제로는 교회 안에서, 사회 속에서 이들의 언행으로 볼 때 이들이 가난한 이들의 고통에 대하여 정말 무감각한 것인지, 아예 모르는 것인지, 알면서도 외면하는 것인지 종잡을 수가 없습니다. 어찌되었든 오늘의 성공한 한국 기독교 엘리트 집단의 삶의 태도가 야훼의 희년선포신앙을 웃음거리로 만들고 있는 상황은 주지의 사실입니다.

이처럼 성공한 한국 기독교 엘리트들의 희년신앙 무력화 속에서, 오늘의 한국사회에는 맘몬자본의 대물림을 통한 1% 소수 부자들만의 세상이 구축되어 가고 있습니다. 실례로 KB금융지주 경영연구소에서는 매년 '한국 부자 보고서'를 냅니다. 이에 따르면 한국 부자는 금융자산 10억 이상을 가진 사람들인데, 이들은 전체국민 중 0.33%이고 이들의 금융자산은 369조 원입니다. 또한 이들의 2012년 월 가계수지는 2379만 원인데 일반가구 158만 원에 비하면 15배나 됩니다. 그리고 한국 부자가구의 연 평균소득 4억 1200만원 중 재산소득 비중이 36.5%인데 일반가구의 재산소득 비중 0.4%에 비해 약 100배입니다. 나아가 한국가구의 소득 상위 20%는 하위가구 20%에 비해 29배의 소득을 올리고 있습니다. 그런데 한국 부자들 97.5%가 자녀들에게 재산을 상속하겠다고 합니다. 이에 반해 한국 부자들의 소유 재산에 대한 사회적 환원은 전무합니다. 물론 한국부자들도 상당 정도 사회공헌의 경험이 있다고 합니다. 그러나 실제로 이들이 내는 기부금의 68%는 종교단체에 내는 종교헌금입니다.

이에 따라 금융자본들의 부자들에 대한 영업 행태도 기상천외합니다. 금융자본들은 하나같이 부유층을 위한 부유층자녀 종합서비스, 가문 자산관리 포괄서비스 등 '대물림 서비스'를 제공합니다. 일부 은행들은 부유층 자녀들을 대상으로 하는 '인생관리 컨설팅', 부유층 2세 만남 주선 서비스 등을 진행하고 있다고 합니다.

이렇게 한국사회의 만연한 부의 대물림 현상 속에서, 개인파산면책에 대한 우리 사회의 태도는 마태복음 18장 21~35절의 "용서하지 못하는 종"의 태도와 같습니다. 그러한 태도야 말로 예수의 희년 선포를 방해하고 물거품으로 만드는 암초입니다. 하나님은 맘몬자본 세상에서의 모든 빚을 탕감하는 거룩한 용서를 통하여 하나님의 희년의 희망을 성취하려고 하십니다. 그런데 용서하지 못하는 종의 탐욕으로 말미암아 하나님의 희년의 꿈이 산산조각나게 될 위기에 처해 있습니다. 우리시대의 신자유주의 맘몬자본 세상에서 정부와 기업과 자본가들이 자신들의 사회적 위치와 권력과 사익을 지키려고 발버둥치기 때문입니다. 나아가 종교지도자들마저 자신들의 종교적 권력과 이익에 몰두하기 때문입니다. 이렇게 우리 사회 모든 분야에서 자신들의 사회경제적 위치와 소유를 지키려고 발버둥치다 보니 이 땅에서는 "하나님의 희년의 복이 나누어질 기회"가 없습니다.

그러나 예수는 자신의 가르침과 삶과 행동을 통하여 하나님나라를 선포하고, 맘몬자본 세상에서는 이루어질 수 없는 희년을 이루어 냈습니다. 예수는 압제당하는 사람에게 정의를, 배고픈 사람에게 먹을 것을 주시며, 포로 된 사람에게 자유를, 눈먼 사람을 다시 보게 하시며, 짓밟힘을 당하는 사람과 나그네 된 사람과 고아와 과부를 지원하고 지지하며 보호하셨습니다. 예수는 '하나님의 은혜의 해'를 선포하고 "그것이 오늘 이 자리에서 이루어졌다"고 선언했습니다. 예수는 자신의 일생에 걸친 모든 사역에서 하나님의 희년을 이루어 내는 데 온 힘을 쏟았습니다.

그런데 예수의 희년 선포의 모든 요청들은 맘몬자본 세상의 가치와 질서들을 뒤집어엎는 구체적이고 현실적인 요구들입니다. 한마디로 예수가 선포한 희년은 가난한 이들이 기쁘고 행복한 세상, 배고픈 이들이 배불리 먹게 되는 세상, 빚진 사람들의 빚이 탕감되는 세상, 억압 당하고 짓밟히는 사람들이 해방되는 세상입니다.

그러므로 오늘날 예수의 제자 된 한국교회는 이러한 예수 희년정신을 실천하는 것이 최우선의 과제입니다. 무엇보다도 예수가 선포한 희년이 맘몬자본 세상의 가치와 질서에 저항하는 '하나님나라의 가치와 질서'임을 분명히 해야 합니다. 그 점에서 400만 투기금융자본 피해자들을 사회적 낙오자라거나 도덕적 해이자로 몰아 멸시적 태도를 취하는 한국교회의 어줍은 청교도적 시각은 마땅히 교정되어야만 합니다. 도리어 400만 투기금융자본 피해자들은 맘몬자본 세상의 강도 만난 자들로써 하나님의 해방과 구원의 마땅한 수혜자들입니다. 그들은 맘몬자본 세상의 사회·경제적 병리현상인 무한경쟁·무한독점·무한축척·무한소비의 절망 가운데서 마땅히 교회의 치유와 회복을 받아야할 권리가 있습니다.

한국교회는 그들의 삶의 자리에 연대하고 참여하며 그들의 고통을 함께 나누어짐으로써 그들에게 예수의 희년선포의 기쁜 소식을 전파해야 합니다. 그들에게 '하나님의 나라', '동무들의 나라'가 되어주어야 합니다. 한국교회는 그들의 삶을 피폐하게 하고 빈곤하게 만든 과중채무에 대하여 비난해서는 안 됩니다. 도리어 그들의 동무가 되어 그들의 빚을 탕감해주고 재물을 나누어주어 그들과 삶의 공동체 관계를 맺어 나가야 합니다. 한국교회는 예수가 선포하신 희년 공동체로써 그들이 기꺼이 교회의 일원이 될 수 있도록 문을 열어야 합니다. 그들이 스스로 맘몬자본 세상에 저항하며 주체적인 하나님나라의 시민으로 살아갈 수 있도록 진심어린 우정을 나누어야 합니다.

에필로그

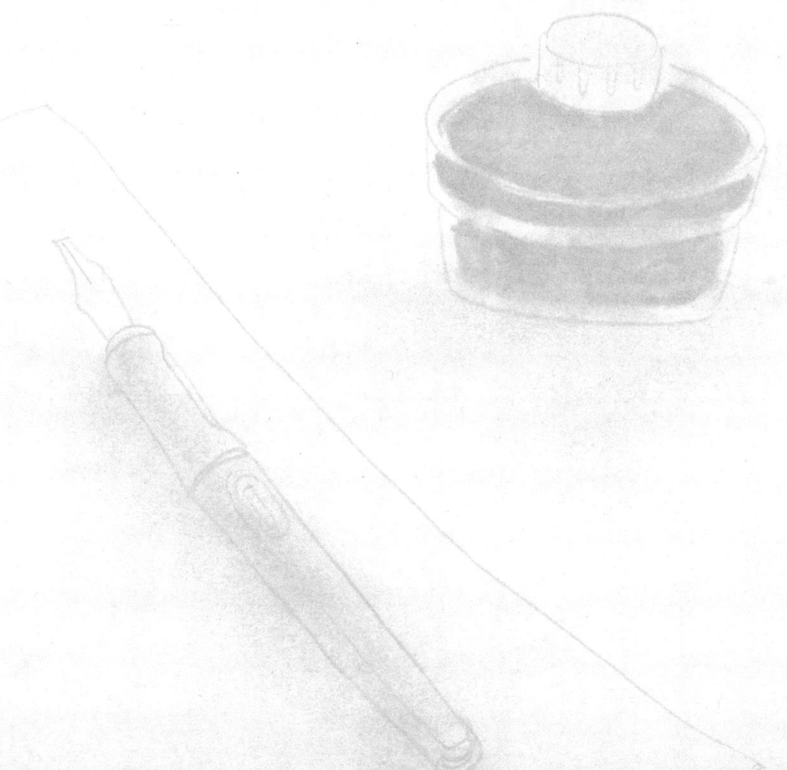

김철호

사회적협동조합 민생네트워크 〈새벽〉 활동가

신언님의 편지는 잘 받아 보았습니다. 어디서든 즐거운 마음과 미래의 희망을 가지고 건강하게 지내시기를 기도합니다.

우리 단체는 민생상담네트워크 〈새벽〉이라는 이름의 시민단체입니다. 우리 단체는 민생·복지와 관련한 상담과 문제해결을 돕고 있습니다. 주된 상담 사업은 신용불량자들의 채무탕감을 돕는 개인파산면책인데, 처음부터 끝까지 무료로 진행합니다. 우리 단체의 주요 상담활동가는 변호사, 민변무료법률구조센터 간사, 시민생활경제코칭센터 소장, 그리고 저는 김철호 목사라고 합니다.

신언님께서 궁금해 하시는 내용들을 편지로는 다 설명드릴 수가 없습니다. 간단하게 설명한다면, 개인파산면책 제도는 감당할 수 없는 채무가 있으나, 이를 변제할 만한 재산도 없고, 소득도 없는 경우에 신청할 수 있습니다.

그런데 재산이 없다는 것은 간단 서류로 증명될 수 있으나, 소득이 없다는 것을 증명하기는 쉽지 않습니다. 대개의 경우 만 18세미만 65세 이상인 사람은 당연 근로 무능력자로 소득이 없다고 인정받을 수 있습니다. 또한 근로능력이 있는 나이지만 질병으로 인하여 근로능력을 상실한 경우, 진단

---

* 수신자: 가명

서를 첨부하여 근로 무능력자임을 주장할 수 있습니다.

하지만, 건강한 만 19세 이상 64세미만인 사람이 소득이 없다고 주장해도 법원은 잘 받아들여주지 않습니다. 더구나 부양해야할 친족이 없는 경우는 더더욱 그렇습니다.

이렇게 나이가 젊고 부양해야 할 친족이 없는 경우는 개인회생을 신청할 수 있습니다. 개인회생은 채무원금잔액을 기준으로 하는데, 채무원금잔액이 얼마이든 관계없이 5년60개월 동안 갚을 수 있는 만큼 갚고, 남은 채무원금 잔액과 이자 전액을 탕감 받는 제도입니다.

그런데 채무자가 갚을 수 있는 금액을 산정하는 기준은 채무자의 월 소득에서 복지부가 발표하는 가구당 최저생계비 150%를 제외하고 남는 금액입니다. 이 금액을 가용소득이라고 하는데 이 돈을 모두 채무변제에 사용해야 합니다.

예를 들면, 혼자 사는 채무자가 월 120만원을 번다고 할 때, 채무변제에 사용해야 할 가용소득은 월 소득 120만원에서 2012년 복지부 1인 가구 최저생계비 553,354원 x 150% = 830,031원을 뺀 369,969원입니다. 따라서 이 사람은 매월 40만원 정도를 채무변제에 사용해야 합니다. 물론 이렇게 60개월을 변제하고 남은 채무원금 잔액과 이자 모두는 탕감면책을 받습니다.

어쨌거나 신언님의 채무가 고액이라면, 이렇게 주장 해볼 수 있을 것입니다.

〈신청인은 오랜 수감생활로 인해 사회적응력이 떨어져 제대로 된 소득활동을 할 수 없습니다. 그런데다가 감당할 수 없는 많은 채무를 지고 있어서 취업 등 경제활동이 더더욱 어렵습니다. 그러니 개인파산면책을 해주면 더 열심히 자활을 위하여 노력하겠습니다.〉

물론 판단은 법원이 내리는 일이라서 장담하기는 어렵습니다.

끝으로, 현 시점에서 신언님의 채무내용을 단번에 파악할 방법은 없습니다. 원 채무자가 어디였는지 기억을 더듬어서 하나하나 추적해 나가는 방법밖에 없습니다. 그럴 때 도움이 되는 것은 채무독촉장이나 채무에 대한 법원 소송자료들입니다.

신언님의 경우, 출소 후에 개인파산이든 회생이든 상황에 맞게 진행하면 될 것이라고 여겨집니다. 아직 출소일이 많이 남았다면 미리 걱정할 필요는 없을 것입니다.

변호사나 법무사를 통하여 개인파산이나 면책을 진행하는 경우, 200만 원 정도의 비용이 드는 것으로 알고 있습니다. 우리 단체는 자세한 비용에 관하여 잘 알지 못합니다. 그러나 우리 단체는 민간 시민운동단체로서 단 한 푼도 비용을 받지 않습니다.

신언님의 건강을 빌며 이만 편지를 마칩니다. 출소하는 날까지 즐거운 마음과 미래의 희망을 잃지 않기를 기도합니다.

자원봉사자에게 듣는 〈새벽〉이야기

방영택

사회적협동조합 민생네트워크 〈새벽〉 자원활동가

2011년 9월, 나는 〈새벽〉에서 주최하는 민생·복지상담학교 수강을 신청하였다. 평일은 출근문제로 수강을 할 수가 없었는데 다행히 이번 학기는 매주 토요일만 5회 강의가 계획되어 있었다. 강의내용은 민생복지에 관련한 내용들, 개인파산면책, 생활법률, 가정경제 등 여러 민생분야였다.

'한 술 밥에 배부를 수 없다'는 속담처럼 민생복지에 관해 문외한이었던 내가 그동안 5회 교육을 받았다고 당장 민생복지현장 일을 이해할 수 있는 것이 아니었다. 그래서 수료생들과 모임을 결성하여 한 달에 한 번씩 민생복지에 관한 여러 분야를 함께 공부했다. 물론 각 분야 전문가들은 〈새벽〉에서 무상으로 섭외해 주었다.

1년 정도 수료생들의 공부모임이 지속되었다. 나름대로 본인들 생활에 바빠서 〈새벽〉에서 추진하는 상담활동에 시간을 낼 수 없는 것 같았다 .물론 나도 낮에는 근무를 해야 하기 때문에 일과 후에 진행되는 〈새벽〉의 상담활동에 대해서만 가끔씩 동참할 수밖에 없었다.

어쨌든 나는 자원봉사자라고는 하지만 민생복지에 대한 지식과 경험이 전무하기 때문에 그저 가끔씩 몸으로 해결할 수 있는 일들을 돕기 위하여 〈새벽〉에서 하는 활동에 기웃거렸다. 아니 어쩌면 고통 받는 이웃들을 자유롭게 해주는 것이 본인의 사명으로 생각하고 살아온 김철호 목사를 비롯한 네 분 활동가들의 생각에 공감했던 것 같다. 그래서 자그나마 도움이 되지 않을까 하는 생각으로 〈새벽〉 활동을 해왔다고 볼 수 있을 것이다.

나는 〈새벽〉의 민생복지 무료상담을 알리기 위해 홍보전단지 위쪽에 넓은 테이프를 붙이고, 그렇게 테이프가 붙은 홍보지를 차곡차곡 덧붙여서 가방에 넣고 다녔다. 그러면서 출퇴근길에 도로변, 골목길 등에 붙였다. 아침에 붙인 홍보전단지는 저녁에 퇴근 할 때 되면 없어졌는데, 나중에 알고 보니 낮에 노인일자리 사업의 일환으로 가로환경 정비하는 분들이 떼어내 버리기 때문이었다. 그래도 붙어 있는 동안에 누구라도 보고 상담을 결심하게 되면 성과가 있다고 생각했다. 지금도 유천동에서 대전역 앞 〈새벽〉 사무실을 갈 때면 홍보전단지를 붙이곤 한다.

그러던 2014년 초, 민생네트워크 〈새벽〉이 사회적 협동조합 설립인가를 받았다. 김철호 목사를 비롯한 네 명의 활동가들이 논의 끝에 몇몇 사람의 개인적인 관심과 노력만으로는 이 사업을 지속적으로 할 수 없을 것이라 판단하여 조합 설립을 추진하였다. 그리고 뜻을 같이 하는 많은 사람들이 동참하였다.

조합이 활성화되면 전담직원도 채용하고 홍보도 적극적으로 하고 상담자들에 대한 구체적인 지원도 할 수 있을 것이라 기대하면서 나도 조합에 가입을 했다. 2014년 말까지 현직에 근무하던 시절에는 전혀 필요성을 못 느끼던 명함을, 퇴직하고 나서 조합에 가입하면서 만들었다. 요즈음엔 만나는 사람들마다 명함을 전하는 재미에 빠져있다. 현직에 같이 근무하던 사람들에게 명함을 전하면 명함에 새겨진 '사회적 협동조합'이라는 생소한 단어와 명함 뒷면에 '후원계좌'가 눈에 들어오면 두 번 물어보는 사람이 많지 않다.

조합에서 지원하는 모임에는 상담을 통하여 파산면책 판결을 받은 분들끼리 하는 모임이 있다. 나는 자원봉사자이긴 하지만 그들 모임에도 참석하여서 야유회도 함께 가고, 매월 모여 공부하는 모임에도 동참한다. 이 모임에서는 재무교육, 기초생활보장법등 민생복지와 관련한 당사자들의 권리찾기를 모색한다.

나는 운이 좋아(?) 파산면책까지 가는 상황은 없었지만 사는 동안에는 남들에게 알릴 수 없는 크고 작은 가정적인 어려움이 없는 사람들은 없는 듯하다. 내담자 모임을 마치고 식사하는 자리에서 소주라도 한 잔 하는 날에는 여기저기서 마음에 묻어두었던 과거에 대한 후회, 그리움, 연민을 털어내기도 한다. 그들의 다양하고 치열했던 삶의 얘기를 듣고 있노라면 박수를 치고 싶어진다. 그리고 이렇게 말해드리고 싶다.

"그동안 잘 사셨습니다. 앞으로는 더 잘 사실 겁니다."

파산면책으로 새로운 삶을 시작하다

윤영숙

〈새벽〉 내담자모임 '새마당' 부회장

안녕하세요? 저는 사회적협동조합 민생네트워크 〈새벽〉 자원활동가 윤영숙입니다. 저는 2011년 봄 법원으로부터 파산면책을 결정을 받았습니다. 파산면책 이후 저는 삶에 대한 새로운 생각을 갖게 되었고 세상을 다시 보고 새로운 삶을 살고 있습니다.

사실, 지금도 저는 저의 지난 날들, 채무에 얽혀진 이야기를 생각하며 가슴이 먹먹합니다. 하지만 이제는 굳이 숨길 일도, 말 못할 것도 아니기에 짧게 저의 지난 이야기를 하겠습니다,

저는 젊은 시절 제주도 서귀포에서 살면서 친구의 소개로 첫 번째 남편을 만나 결혼을 했고 두 딸을 낳아 기르며 행복하게 살았습니다. 결혼 이후에 남편은 입시학원을 차렸는데 속된 말로 너무 너무 잘 되어서 대박이 났습니다. 그러나 어느 날부터인가 남편은 술을 먹고 도박을 하는 등 학원 운영을 등한시하기 시작했습니다. 몇 년이 지나지 않아 그 잘 나가던 학원이 쫄딱 망했습니다.

남편의 학원이 망하고 카드며 은행대출, 그리고 지인들의 사채 등 온갖 채무독촉에 시달리던 일들을 지금도 일일이 말하기가 힘이 듭니다. 어쨌든 그 이후 저는 이런저런 말로 다할 수 없는 곡절 끝에 쫓기듯 홀로 육지로 나와야 했습니다.

저는 제주도에서 비행기를 타고 아무런 연고도 없는 광주에 내렸습니다. 그때부터 식당 등 막일을 해가며 월 120만원을 벌어 제주도 시댁에 보내 아이들의 양육비로 사용하도록 했습니다. 하지만 1년여가 지나면서 애 아빠에게도 아이들에게도 전혀 연락이 닿지 않았습니다. 차마 다시 제주도로 가지도 못한 채 애 아빠와 아이들과의 모든 관계들이 정리되고 말았습니다.

이후 저는 삶의 희망을 잃고 힘들게 홀로 살면서 일하던 식당주인에게 사기를 당하기도 했습니다. 홀로 외롭게 살면서 새로운 남자를 만났으나 온갖 폭력과 갈취에 시달려야했습니다. 저는 제가 어린 아이들을 버리고 홀로 육지로 나와 죗값을 받는구나 자책하기도 했습니다. 그러던 중, 교통사고를 당해 목과 허리를 크게 다쳐 움직이지도 못하고 병원 입원 생활을 했습니다.

새로운 남편이라는 사람은 저에게 끊임없는 폭력과 갈취를 멈추지 않았습니다. 저는 예전 남편의 폭력과 방탕으로 이혼을 하고 아이들을 만날 수도 없고 볼 수도 없었는데 "이제 더 징한 놈을 만날 줄이야"하고 한탄했습니다.

폭력과 구타를 이기지 못해 퇴원하게 되었고 무작정 도망하여 여성 쉼터로 들어갔습니다. 이후 저는 남편의 폭력을 피해 전주쉼터로, 다시 대전 여성쉼터로 옮겨져 마침내 무료 법률상담을 통하여 두 번째 남편과 이혼을 했습니다.

쉼터에서 나와 보니 갈 곳은 없고 조그마한 방 한 칸을 월 15만원 월세를 얻어 살면서 주변의 도움으로 기초생활 수급자가 되었습니다. 그렇게 어렵게 살 던 중에도 전화나 독촉장이 오면 가슴이 뛰고 빌린 돈을 갚아야 한다는 압박으로 아픈 허리가 더 심해 어지럼병까지 찾아 왔습니다. 저는 아무런 삶의 의욕도, 삶의 책임감조차도 느끼지 못한 채 죽을 일만 생각하며 고통스럽게 살았습니다. 제 머릿속에는 신용불량이라는 죄의식으로 인해 더더욱 힘든 생활을 해야만 했습니다.

그러던 어느 날, 저는 〈새벽〉이 주최하는 개인회생·파산 신청에 대한 강의를 듣고 염치없지만 개안파산면책을 신청하게 되었습니다. 빚을 갚아야 하는 것이 당연하지만 현재 저의 처지에서는 도저히 빚을 갚기가 불가능하다는 판단을 하게 되었습니다. 이후라도 새로운 삶에 희망을 부여잡기 위해 파산이라는 제도에 희망을 걸어야 했습니다. 저는 이렇게 파산면책을 받게 되어 얼마나 감사한지 모르겠습니다. 제가 어떻게 아픈 속마음을 조금이나마 벗어나고 있는지, 신용불량자에서 파산면책까지 해보지 못한 사람은 이 느낌을 모르실 거라고 생각합니다.

파산면책을 하고 난 후 저는 정말로 살아가는 이유가 생겨났습니다. 희망이 있고 생기가 넘쳐 하루하루를 주어진 시간 속에서 보람을 찾으려고 노력합니다. 늘 감사하며, 다른 신용불량자도 불안하고 초조한 삶에서 벗어나 나와 같은 희망을 어떻게 하면 가질 수 있을지 생각해 봅니다. 워낙 배움이 짧은터라 머리에서 잘 떠오르지가 않습니다. 하지만 제가 받았던 고통을 생각하면서 옛날의 생각과 마음을 다 접고 열심히 해볼 생각입니다.

죽고 싶도록 불안하고 초조한 신용불량. 여러분, 어렵겠지만 크게 숨 한번 쉬시고 한 번 더 자신 있게 마음의 문을 열어보세요. 살짝 노크 한번 해주세요. 사회적협동조합 민생상담네트워크 〈새벽〉의 상담전화는 042-255-9413 / 042-285-9413입니다. 여러분의 운명이 바뀌는 길이 열릴 겁니다.

파산면책으로 새로운 삶이 시작되면서 세상이 달라 보이고 제 정신과 생각이 달라지면서 마음의 문이 활짝 열렸습니다. 정말 환하게 밝아지면서 감사, 또 감사 뿐이었습니다. 무엇이라 표현할 수 없을 만큼 고맙고 꼭 보답하고 싶었습니다. 지금 저는 〈새벽〉으로 나와 자원활동가로 일을 배우면서 가까운 사람들에게 홍보부터 시작하고 있습니다. 잘 하지도 못하지만 열심히 인내를 가지고 하려고 합니다. 제 인생을 바꾼 〈새벽〉으로부터 남은 제 인생을 맡겨 보려고 합니다. 여러분 정말 편안하게 숨 한번 쉬고 삽시다. 새로운 삶이 시작된다는 희망으로 꼭 〈새벽〉의 문을 두드려 주시길 바랍니다. 그리하면 큰 도움이 될 거라고 저는 생각하고 믿고 있습니다. 감사합니다.

진보여, 무엇을 하려는가?

김철호
사회적협동조합 민생네트워크 〈새벽〉 상담활동가

오늘 나에게도, 진보라는 말은 친숙하다. 종종 진보라는 말을 들먹이며 글쓰기를 하기도 한다. 그렇다면 도대체 나에게 진보란 무엇일까?

사실, 진보라는 말은 평생 가난뱅이로 살아오면서 무지렁이 욕설투인 나의 생활언어 속으로 슬며시 들어왔다. 그리고 어느 때부터인가 뜬금없이 즐겨 쓰는 말이 되었다. 그러니 이제 새삼, 진보라는 언어를 생산한 서구사회를 들여다보지 않을 수 없다.

나는 진보라는 말이 서구사회에서의 지속적인 사회 발전, 무한 경제성장이라는 개념으로 전수되어온 것으로 이해한다. 그렇다면 진보라는 개념은 서구 산업혁명 상황을 토대로 한 것이고, 자본주의 우파의 산물일 것이다. 실제로, 이 시기에 과학과 기술의 발전을 토대로 경제성장과 생활 향상을 추구하는 아담 스미스, 데이비드 리카도, 토마스 멜서스, 슈트어트 밀 등 쟁쟁한 경제사상가들이 대두하였다.

한편으로, 헤겔의 변증법적 변화를 토대로 한 서구좌파들도 유물론적 사회발전론이라는 자신들의 진보개념을 만들어냈다. 이로써 공히, 서구의 우파나 좌파 모두 18세기 서구 산업혁명 상황을 출발점으로 해서 지속적인 과학기술 발전, 그리고 경제성장이라는 산업사회 진보 신화를 공유하게 되었다. 이것은 서구 우파나 좌파 모두에게 과학기술 발전과 경제성장이 불가피하고 미래에 도달해야 할 변증법적 파라다이스라고 믿는데 기인한 것이다. 오늘날 한국사회에서도 이러한 진보 이데올로기가 매우 유용한 것으로 인식되고 있다. 하지만 이러한 진보 이데올로기는 현재의 신자유주의 금융자본 경제제체에서 진보의 당면한 목적의식과 방향감각을 올바르게 세워나갈 수 없다.

이와 관련하여 서구 자본주의 진보 관념은 기독교의 신앙정신을 세속화한 것이라는 주장도 있다. 이러한 주장은 보수 신자유주의자들의 입을 빌어 전파되고 확산되는데, 기독교 신앙의 핵심에 대한 그들의 잘못된 이해에서 기인한다. 한마디로 그들의 주장은 서구의 청교도적 신앙과 소명, 경제윤리 등 서구 종교개혁과 근대 신학의 전통에 근거한 것이다. 그러나 서구 근대 제국주의 전개와 역사상황을 살펴볼 때, 청교도적 신앙 실천행태와 자본주의 경제윤리는 기독교의 핵심진리를 회복 불능으로 훼손시켰을 뿐이다. 이제 도리어, 서구 기독교 자본주의의 역사적 결과물인 21세기 신자유주의 금융경제체제 상황에서, 서구 종교개혁과 청교도적 경제윤리의 유산들을 해체해야 할 때이다. 무엇보다도 열심히 이윤을 축적하여 자본을 형성하고 지속적인 성장과 사회적 풍요를 이루는 것이 기독교인의 신앙 소명이며 경제윤리라는 주장은 철폐되어야 마땅하다. 이제, 서구 기독교 자본주의가 꿈꾸는 유토피아Utopia – οὐ τόπς 아무데도 없는 허상에서 깨어나야 한다. 끊임없는 과학기술의 혁신과 그로 인한 지속적인 사회 발전 및 무한 경제성장의 결과로 마침내 파라다이스paradise에 이르리라는 환상에서 벗어나야 한다.

이러한 관점에서, 성서에 계시된 기독교 신앙의 핵심은 맘몬자본 권력이 지배하는 노예경제로부터의 해방과 자유, 정의·평등 경제 건설이다. 그것은 인간의 이기심과 죄악으로 인해 무너진 하나님의 정의·평등, 생명·평화 세상에 대한 예언자적 선포이며 실천행동이다. 나아가 그것은 맘몬자본

제국주의 경제체제의 고난과 절망 속에서 허덕이는 민중들의 삶을 함께 겪으시며 함께 아파하시는 임마누엘 하나님에 대한 증언이다. 한마디로 그것은 예수의 복음이다. 지금 여기 이곳에 도래하는 하나님나라 실천운동이야말로 기독교 신앙정신의 심장이다.

이 점에서, 구약성서의 예언자들은 인간의 이기심과 죄악을 들추어내어 회개를 요구한다. 민중의 고통과 절망 속에 함께하시는 하나님을 소개하고 민중들을 위로하며 하나님의 해방과 구원과 자유, 정의·평등, 생명·평화 세상을 만드는 실천행동들을 촉구한다. 나아가 신약성서에서 예수는 민중들에게 도래하는 하나님나라를 선포하고 민중들과 함께 하나님나라를 맞아들이며 하나님나라의 삶의 태도를 실천행동으로 증언한다. 이제 이러한 기독교 신앙정신에 대한 실천행동으로써, 나는 우리시대의 신자유주의 금융자본 경제체제에 대응하는 생명살이 진보행동을 제안한다.

생명살이 진보행동에 나서자

생명살이는 종교 신화와 교리, 철학적 사유와 관념만으로는 모두 다 포섭하지 못한다. 지렁이도 밟으면 꿈틀하듯이 생명살이의 시작과 과정과 끝은 너무도 선연하고 절절하며 속절없다. 이제, 이 땅의 뭇 생명들의 필요와 쓰임, 고통과 절망, 희망과 용기, 의지와 분노, 저항과 행동 등을 세밀히 포착해 내는 것이 생명살이 진보 실천행동이다. 더 이상은 생명살이의 당연권리가 국가·시장·기업·정치·경제·종교의 기득권 이데올로기에 의해 농락당하지 않아야 한다.

실제로, 지난해 초부터 세 모녀 자살사건, 가난과 질병에 지친 50대 택시기사 부부 자살사건, 어린 장애 아들을 품에 안고 15층 아파트에서 투신 자살한 30대 주부, 지체장애 딸 아들과 함께 동반 자살한 40대 가장 등등 잇달아 생명경고음이 발동되었다. 마침내 지난해 4월 16일 세월호 참사가 벌어졌다. 이날 생명보다는 돈을 숭배해온 대한민국호도 침몰을 당하고 말았다.

이제, 모든 생명들의 희생과 죽음을 우리의 생명살이 마당에서 하나하나 실천행동으로 체현해내자! 기록하자! 진보행동으로 증언하자!

사회적협동조합 민생네트워크 〈새벽〉을 말한다

김 옥 연

사회적협동조합 민생네트워크 〈새벽〉 이사장

3년 전 '민생상담네트워크 〈새벽〉'이야기를 처음 들었을 때, 많은 사람들이 함께 일하는 줄 알았다. 하는 일이 너무 많고 방대해서 더욱 그렇게 여겼다. 하지만 정작 상담센터를 지키고 있는 사람은 김철호 목사 혼자였다. 그러면서도 〈새벽〉은 복지, 개인파산 및 회생, 가정재무관리, 보험·금융상품다이어트, 생활법률 등등 민생·복지 전 분야에 대한 무료상담을 무리 없이 진행하고 있었다.

이후 시간이 지나면서, 그 모든 일들이 가능한 것은 '네트워크의 힘'이라는 사실을 알게 되었다. 〈새벽〉은 김철호 목사와 함께 변호사, 대전·충청민변 상담간사, 민간 민생·복지활동가 등 4명의 전문 상담활동가들이 유기적으로 상담 연계활동을 해오고 있었다. 나는 이들의 상담 네트워크 활동을 지켜보면서 저소득·취약계층 민생문제에 대한 이들의 전문성, 진정성, 헌신성을 충분히 느낄 수 있었다.

당사자 모임 '새마당'을 만나다

사실, 〈새벽〉의 상담내용들을 하나하나 돌아보면 하나같이 생경한 담론이다. '개인파산면책', '보험 깨기'등이 그렇다. 예를 들어, 개인파산면책에 대한 나의 생각은 '빚지면 어떻게든 갚는 것이 당연하다'는 것이다. 개인파산면책이 사회적 책임이라는 둥, 인간의 권리라는 둥, 〈새벽〉의 주장은 매우 낯설다. 실제로 나에게는 개인파산면책이라는 법적제도를 통하여 채무자들이 빚을 탕감 받을 수 있다는 사실 자체가 금시초문이었다.

이후, 나는 〈새벽〉과 관계를 맺는 1년여 동안의 〈새벽〉 활동들을 지켜보면서 나름대로의 생각이 바뀌게 되었다. IMF 이후 우리 사회는 금융자본 중심 경제체제로 급격히 기울었고 이로 인해 수많은 신용불량자들을 양산해 왔다. 따라서 지금의 우리 사회의 신용불량자문제는 도덕적 해이가 아니라 금융자본 경제체제의 구조적인 문제라는 사실을 수긍하게 되었다.

특별히 〈새벽〉 내담자들의 자조모임인 '새마당' 모임에 참석하고, 그들의 피맺힌 과거 이야기들을 듣게 되면서, 그 사실을 더 깊게 이해할 수 있게 되었다. 그렇게 나는 〈새벽〉의 "민생복지상담학교" 등 여러 교육활동에 참여하면서 〈새벽〉의 민생복지 상담활동에 함께 하기로 결정했다.

이와 관련하여 지금의 우리 사회는 부채사회라고 할 수 있다. 1,100조에 이른다는 가계부채가 그 사실을 증명한다. 따라서 개인파산상황에 처한 사람들은 우리 사회 저변에 폭넓게 깔려 있다. 사실, 내가 예전에 어쩌다 만나는 파산자들은 주로 중산층으로써 대부분 자기책임성이 강한 사람들이었다. 그러나 가계부채 1,100조 시대에서는 그런 사람조차도 어쩔 수 없는 사회 구조적 문제로 이해해야 하는 현실이다. 그에 비해서 새마당 사람들은 거의 대부분 저소득·취약계층으로서 IMF와 같은 국가적 경제위기를 피해갈 수 없는 사람들이다.

〈새벽〉의 민생복지 무료상담활동에 참여하다

2014년부터, '민생네트워크 〈새벽〉'은 '사회적협동조합 민생네트워크 〈새벽〉'으로 새롭게 조직을 정비하였다. 그러면서 깜냥도 없는 내가 이사장직을 맡게 되었다. 작금의 우리 시대의 상황에 비추어 새삼 무거운 책임감을 느낀다.

그런데 이렇게, 〈새벽〉이 사회적협동조합으로 전환되면서 한 가지 크게 합의한 것이 있다. 앞으로는 〈새벽〉이 가정재무관리 상담활동을 통하여 저소득·취약계층의 생활에 선도적으로 개입해보자는 것이다. 금융자본 경제체제의 폐해에 대한 단순한 뒤치다꺼리가 아니라, 저소득·취약계층의 생활경제에 감 놔라 대추 놔라 직·간접적으로 간섭해 보자는 것이다. 그럼으로써 저소득·취약계층이 스스로 자립·자활할 수 있는 가정재무관리 전망을 세우도록 돕는 것이다.

이 점에서 나는 〈새벽〉의 상담활동을 적극적으로 지지하며 함께 하기로 결정했다. 〈새벽〉이 민생복지 무료상담 사업을 통해 많은 사람들의 아픔에 공감하고, 그 사람들과 함께 금융자본경제의 폐해를 치유하는 대안공동체를 형성하는 일에 일조하고 싶다.

실제로, '사회적협동조합 민생네트워크 〈새벽〉'은 미래의 사업으로 '소액대출'에 대한 계획을 세워나가고 있다. 이 사업을 통하여 급박한 삶의 위기를 당하게 되는 저소득·취약계층 조합원 가정을 붙잡아 지켜낼 수 있을 것이다. 또한 〈새벽〉은 '상호부조사업'으로 미래의 활동으로 준비해보려고 한다. 이 사업을 통하여 개인적 삶의 위기가 오히려 서로의 공동체를 책임 있게 세워나가는 계기가 될 수 있을 것이다. 나아가 협동조합을 통한 공동체 창업을 독려하고 자립·자활경제를 지원하는 사업을 추진할 것이다. 이를 통하여 저소득·취약계층이 맘몬자본과 자본가만을 위해 일하는 것이 아니라 자신과 이웃들의 삶을 위해 일하는 삶의 방식 곧 노동 은총을 실현해 갈 수 있다고 본다. 이로써 〈새벽〉의 구성원 모두가 각자의 마땅한 노동을 통한 자기실현 나아가 노동을 통한 공동체 삶의 완성을 추구할 수 있을 것이다.

소통과 연대, 공동체 활동만이 희망이다

〈새벽〉 내담자 중심의 당사자 모임 '새마당'은 새벽의 중요한 활동 동아리이다. 하지만 아직 새마당 사람들은 〈새벽〉과 생각의 차이들이 많다. 그 이유는 '새마당' 식구들이 파산면책 이후에 하루벌이 생계에 매달리다 보니 서로의 생각들을 나누고 공유할 시간과 기회가 부족하기 때문이다. 그렇더라도 〈새벽〉의 미래의 지속가능한 활동을 위해서는 새마당 사람들의 적극적인 공동체 활동이 매우 시급하고 중요하다.

아무쪼록 새마당 식구들이 각자의 재능을 내어놓고 공유하고 새롭게 다듬어 내는 일에 앞다투어 나서기를 바란다. 또한 돈으로는 환산할 수 없는 각자의 작고 독특한 재능과 달란트를 당당하게 나누고 연대하는 용기를 내주기를 기대한다. 나아가 〈새벽〉도 '새마당' 식구들 뿐만 아니라, 조합원들과 〈새벽〉을 지원하는 여러 후원자들과 함께 상시적으로 소통하고 연대하는 열린 조직의 모습을 갖추어 갔으면 좋겠다.